2016年版

中検準4級
試験問題

［第86・87・88回］
解答と解説

一般財団法人
日本中国語検定協会 編

白帝社

まえがき

　私たちの協会はこれまで各回の試験が終わるごとに級別に試験問題の「解答解説」を発行し，また年度ごとに3回の試験問題と解答解説を合訂した「年度版」を公表してきました。これらは検定試験受験者だけでなく，広く中国語学習者や中国語教育に携わる先生方からも，大きな歓迎を受けてきましたが，ただ主として予約による直接購入制であったため，入手しにくいので一般の書店でも購入できるようにしてほしいという声が多く受験者や学習者から寄せられていました。

　その要望に応えるため，各回版と年度版のうち，「年度版」の発行を2013年度実施分より中国語テキストや参考書の発行に長い歴史と実績を有する白帝社に委ねることにしました。「各回版」の方は速報性が求められ，試験終了後直ちに発行しなければならないという制約を有するため，なお当面はこれまでどおり協会が発行し，直接取り扱うこととします。

　本書の内容は，回ごとに出題委員会が作成する解答と解説に準じていますが，各回版刊行後に気づいた不備や，回ごとの解説の粗密や記述体裁の不統一を調整するとともに，問題ごとに出題のねらいや正解を導くための手順を詳しく示すなど，より学習しやすいものになるよう配慮しました。

　本書を丹念に読むことによって，自らの中国語学習における不十分なところを発見し，新しい学習方向を定めるのに役立つものと信じています。中国語学習者のみなさんが，受験準備のためだけでなく，自らの学力を確認するための目安として本書を有効に活用し，学習効果の向上を図られることを願っています。

2016年5月

一般財団法人 日本中国検定協会

本書について

　本書は，日本中国語検定協会が2015年度に実施した第86回（2015年6月），第87回（2015年11月），第88回（2016年3月）中国語検定試験の問題とそれに対する解答と解説を，実施回ごとに分けて収め，リスニング問題の音声を付属CD-ROMに収録したものです。

問　題

- 試験会場で配付される状態のものに，付属CD-ROMにある音声のトラック番号を ❸ のように加えています。ただし，会場での受験上の注意を収録した各回のトラック01，02，33は記していません。

解答と解説

- 問題の最初に，出題のポイントや正解を導くための手順を簡潔に示しています。
- 4択式の解答は白抜き数字❶❷❸❹で，記述式の解答は太字で示しています。解説は問題ごとに　　　内に示しています。
- 準4級・4級・3級の問題文と選択肢の文すべて（一部誤答は除く）にピンインと日本語訳例を付し，リスニング問題にはピンインと漢字表記および日本語訳を付けています。
- ピンイン表記は原則として《現代汉语词典 第6版》に従っていますが，"不" "一"の声調は変調したものを示しています。
  "没有"は動詞はméiyǒu，副詞はméiyouのように表記しています。
  軽声と非軽声の2通りの発音がある場合は，原則として軽声の方を採用しています。例："打算 dǎ·suàn"は dǎsuan，"父亲 fù·qīn"は fùqin，"因为 yīn·wèi"は yīnwei。
- 品詞名，文法用語のうち，助数詞と前置詞は原語のまま量詞，介詞を，また中国語の"状语"は状況語（連用修飾語），"定语"は限定語（連体修飾語）としています。
- 音声のトラック番号は，❸ のように示し，繰り返しのものを割愛しています。

解答用紙見本

・巻末にマークシート式の解答用紙の見本（70％縮小）があります。記入欄を間違えないように，解答欄の並び方を確認しましょう。

付属 CD-ROM

・リスニング問題の音声が収録されています。会場での受験上の説明を収めた各回のトラック 01，02，33 も収録されていますが，本書の「問題」部分にはトラック番号を記していません。
・音声は MP3 形式で収録しており，パソコンで再生します。
・デジタルオーディオプレーヤーやスマートフォンに転送して再生することもできます。各機器とソフトに関する技術的なご質問は，各メーカーにお願いいたします。
・CD プレーヤー（MP3 形式に対応するものを含む）をご利用の場合は，CD に収録したものにお取り替えしますので，付属 CD-ROM を下記までお送りください。折り返し CD をお送りします。

　〒171-0014　東京都豊島区池袋 2-65-1
　　白帝社　中検 CD 交換係

目　次

第 86 回（2015 年 6 月）
問　題
- リスニング……………………………………………………………… 2
- 筆　記…………………………………………………………………… 6

解答と解説
- リスニング……………………………………………………………… 9
- 筆　記…………………………………………………………………… 16

第 87 回（2015 年 11 月）
問　題
- リスニング……………………………………………………………… 22
- 筆　記…………………………………………………………………… 26

解答と解説
- リスニング……………………………………………………………… 29
- 筆　記…………………………………………………………………… 36

第 88 回（2016 年 3 月）
問　題
- リスニング……………………………………………………………… 42
- 筆　記…………………………………………………………………… 46

解答と解説
- リスニング……………………………………………………………… 49
- 筆　記…………………………………………………………………… 56

●補充練習帳
- あいさつ語……………………………………………………………… 62
- 動詞と目的語の組み合わせ…………………………………………… 65
- 簡体字を正確に………………………………………………………… 69

中国語検定試験について………………………………………………… 75

試験結果データ…………………………………………………………… 79

解答用紙見本

第86回
(2015年6月)

問 題
リスニング ……………………………… 2
筆 記 …………………………………… 6
　解答時間：計60分
　配点：リスニング50点，筆記50点

解答と解説
リスニング ……………………………… 9
筆 記 …………………………………… 16

リスニング (⇨解答と解説9頁)

03 **1** 1. これから読む(1)〜(5)の中国語と一致するものを，それぞれ①〜④の中から1つ選び，その番号を解答欄にマークしなさい。　　　　　　　　　　（10点）

04 (1)　　　① liǎn　　　② niàn　　　③ niáng　　　④ nián

05 (2)　　　① hái　　　② hǎi　　　③ hēi　　　④ huǐ

06 (3)　　　① cāo　　　② chāo　　　③ zhāo　　　④ zāo

07 (4)　　　① pén　　　② páng　　　③ péng　　　④ pán

08 (5)　　　① jǔ　　　② zǔ　　　③ jiǔ　　　④ jǐ

09 2. (6)〜(10)のピンイン表記と一致するものを，それぞれ①〜④の中から1つ選び，その番号を解答欄にマークしなさい。　　　　　　　　　　（10点）

10 (6) shūjià　　　①　　　②　　　③　　　④

11 (7) miànbāo　　　①　　　②　　　③　　　④

12 (8) jīngcháng　　　①　　　②　　　③　　　④

13 (9) yīyuàn　　　①　　　②　　　③　　　④

14 (10) fǎlǜ　　　①　　　②　　　③　　　④

3. (11)～(15)の日本語を中国語で言い表す場合，最も適当なものを，それぞれ①～④の中から1つ選び，その番号を解答欄にマークしなさい。　　　　　　　（10点）

(11) 駅
　①
　②
　③
　④

(12) 携帯電話
　①
　②
　③
　④

(13) 飲む
　①
　②
　③
　④

(14) アメリカ
　①
　②
　③
　④

(15) うれしい
　①
　②
　③
　④

第86回　問題〔リスニング〕

3

2

1. (1)〜(5)の日本語を中国語で言い表す場合，最も適当なものを，それぞれ①〜④の中から１つ選び，その番号を解答欄にマークしなさい。　　　　　(10点)

(1) 7時15分
　①
　②
　③
　④

(2) 6月29日
　①
　②
　③
　④

(3) 水曜日
　①
　②
　③
　④

(4) 208元
　①
　②
　③
　④

(5) 2年生
　①
　②
　③
　④

2. (6)～(10)のような場合，中国語ではどのように言うのが最も適当か，それぞれ①～④の中から１つ選び，その番号を解答欄にマークしなさい。　　　　（10点）

(6) 値段を尋ねるとき
　　①
　　②
　　③
　　④

(7) 中国語で"谢谢"と言われたとき
　　①
　　②
　　③
　　④

(8) 「どうですか」と尋ねるとき
　　①
　　②
　　③
　　④

(9) 中国語で"对不起"と言われたとき
　　①
　　②
　　③
　　④

(10) ゆっくり話してもらいたいとき
　　①
　　②
　　③
　　④

筆 記 (⇨解答と解説16頁)

3 1. (1)～(5)の中国語の正しいピンイン表記を，それぞれ①～④の中から１つ選び，その番号を解答欄にマークしなさい。　　　　　　　　　　　　　　　（10点）

(1) 远　　　① yún　　　② yǔn　　　③ yuǎn　　　④ yuán

(2) 坐　　　① zòu　　　② zhuò　　　③ zhòu　　　④ zuò

(3) 书　　　① shū　　　② shē　　　③ shuō　　　④ shāo

(4) 学习　　① xiáoxí　　② xuéshí　　③ xuéxí　　④ xiáoshí

(5) 词典　　① zìdiǎn　　② zìtiǎn　　③ cítiǎn　　④ cídiǎn

2. (6)～(10)の日本語の意味になるように空欄を埋めるとき，最も適当なものを，それぞれ①～④の中から１つ選び，その番号を解答欄にマークしなさい。　（10点）

(6) 彼はどんな仕事をしていますか。
　　他做（　　）工作?
　　① 哪儿　　② 怎么　　③ 什么　　④ 谁

(7) わたしは図書館へ行くけれど，あなたは？
　　我去图书馆，你（　　）？
　　① 了　　② 吧　　③ 吗　　④ 呢

(8) この近くには郵便局はありません。
　　这附近（　　）邮局。
　　① 不是　　② 没有　　③ 不在　　④ 没用

(9) この写真はとてもきれいです。
　　这（　　）照片很好看。
　　① 张　　② 本　　③ 件　　④ 只

(10) わたしたちはみなギョーザを食べます。
　　我们（　　）吃饺子。
　　① 也　　② 都　　③ 还　　④ 又

3. (11)～(15)の日本語の意味に合う中国語を，それぞれ①～④の中から1つ選び，その番号を解答欄にマークしなさい。　　　　　　　　　　　　　　　（10点）

(11) 王先生は中国語の先生ではありません。
① 王老师不是汉语老师。
② 王老师是不汉语老师。
③ 王老师汉语老师不是。
④ 王老师不汉语老师是。

(12) 図書館はあまり大きくありません。
① 图书馆大不太。
② 图书馆太不大。
③ 图书馆太大不。
④ 图书馆不太大。

(13) 彼は中華料理を食べるのが好きです。
① 他吃喜欢中国菜。
② 他喜欢吃中国菜。
③ 他吃中国菜喜欢。
④ 他喜欢中国菜吃。

(14) 北京の夏も非常に暑いです。
① 北京的夏天也非常热。
② 北京的夏天非常也热。
③ 北京的夏天非常热也。
④ 北京的夏天也热非常。

(15) わたしはあした渡辺さんと一緒に行きます。
① 我跟明天渡边一起去。
② 我明天渡边跟一起去。
③ 我明天跟渡边一起去。
④ 我明天跟渡边去一起。

4 (1)〜(5)の日本語を中国語に訳したとき，下線部の日本語に当たる中国語を漢字（簡体字）で解答欄に書きなさい。なお，(1)・(2)はいずれも漢字1文字で，(3)〜(5)はいずれも漢字2文字で解答しなさい。（漢字は崩したり略したりせずに書くこと。）

(20点)

(1) a 音楽を聴く。

　　b 自転車に乗る。

(2) a 絵をかく。

　　b 手紙をかく。

(3) このセーターはやすい。

(4) 机の上にパソコンがある。

(5) 時間が長い。

リスニング

1

解答：1.(1)❹ (2)❷ (3)❷ (4)❸ (5)❶　2.(6)❶ (7)❷ (8)❹ (9)❷ (10)❸
　　　3.(11)❹ (12)❹ (13)❸ (14)❷ (15)❶

1. 発音（1音節）：中国語の発音が正確に聞き取れているかピンインを使って調べる問題です。ピンインは文字としてではなく音と関連付けて覚えるようにしましょう。＊以下に参考として示す(1)～(10)の漢字と意味は必ずしも準4級レベルのものではありません。
（2点×5）

04 (1) nián 年
　① liǎn　　脸＊
　② niàn　　念
　③ niáng　　娘
　❹ nián　　年

舌尖音（n）(l)と前鼻母音（an）と奥鼻母音（ang），声調を聞き分ける問題です。

05 (2) hǎi 海
　① hái　　还
　❷ hǎi　　海
　③ hēi　　黑
　④ huǐ　　悔

複合母音（ai）(ei)(ui)と声調を聞き分ける問題です。

06 (3) chāo 超
　① cāo　　操
　❷ chāo　　超
　③ zhāo　　招
　④ zāo　　遭

有気音（c）(h)と無気音（z）(zh）を聞き分け，舌尖前音（c）(z)と巻舌音（ch）(zh）を識別する問題です。

9

07 (4) péng 朋　　①　pén　　　　　盆
　　　　　　　　②　páng　　　　　旁
　　　　　　　　❸　péng　　　　　朋
　　　　　　　　④　pán　　　　　　盘

　　鼻母音（an）（ang）（en）（eng），さらに前鼻母音（n）と奥鼻母音（ng）を聞き分ける問題です。

08 (5) jǔ 举　　　❶　jǔ　　　　　　举
　　　　　　　　②　zǔ　　　　　　组
　　　　　　　　③　jiǔ　　　　　　酒
　　　　　　　　④　jǐ　　　　　　　几

　　舌面音（j）と舌尖前音（z），単母音（u）（ü）を中心に聞き分ける問題です。

2. 発音（2音節）：おろそかに聞くと間違えてしまうような音を集めています。それぞれの音の細かな差は何回も聴いて聞き分けられるようにしましょう。

（2点×5）

10 (6) shūjià 书架　　❶　shūjià　　　书架（本棚）
　　　　　　　　　　②　shǔjià　　　暑假（夏休み）
　　　　　　　　　　③　shòujià　　　售价（売り値）
　　　　　　　　　　④　shǔjiā　　　鼠夹（ネズミ捕り）

　　中国語を聞き，発音するための重要な要素である声調および単母音（u）と複合母音（ou）を聞き分ける問題です。

11 (7) miànbāo 面包　①　miánpáo　　棉袍（綿入れの上着）
　　　　　　　　　　❷　miànbāo　　面包（パン）
　　　　　　　　　　③　niánbào　　　年报（年報）
　　　　　　　　　　④　niángāo　　　年糕（お餅）

　　唇音（m）と舌尖音（n），有気音（p）と無気音（b）を聞き分ける問題です。また声調の識別も含みます。

12 (8) jīngcháng 经常　① jǐnzhāng　　紧张（緊張する）
　　　　　　　　　　② jiànchǎng　　建厂（工場創設）
　　　　　　　　　　③ jīngshāng　　经商（商売する）
　　　　　　　　　　❹ jīngcháng　　经常（いつも）

　　前鼻母音（n）と奥鼻母音（ng），有気音（ch）と無気音（zh）を聞き分ける問題です。声調の識別を含みます。

13 (9) yīyuàn 医院　① yīnyuán　　姻缘（婚姻の縁）
　　　　　　　　　　❷ yīyuàn　　医院（病院）
　　　　　　　　　　③ yìyuán　　议员（議員）
　　　　　　　　　　④ yíyuàn　　遗愿（遺志）

　　単母音（i）と鼻母音（in），さらに声調の識別も含まれた問題です。

14 (10) fǎlǜ 法律　① fǎlì　　法力（神通力）
　　　　　　　　　② fāluò　　发落（処分する）
　　　　　　　　　❸ fǎlǜ　　法律（法律）
　　　　　　　　　④ fálì　　乏力（衰えている）

　　声調の識別，さらに単母音（i）（ü）と複合母音（uo）を聞き分ける問題です。

3. 日文中訳（単語）：与えられた日本語に対応する単語またはフレーズの意味を類義，反義，関連語のグループの中から選びます。　　　　　　　（2点×5）

16 (11) 駅　　① chāoshì　　超市（スーパー）
　　　　　　② shūdiàn　　书店（本屋）
　　　　　　③ yóujú　　　邮局（郵便局）
　　　　　　❹ chēzhàn　　车站（駅）

17 (12) 携帯電話　① diànshì　　电视（テレビ）
　　　　　　　　② yǎnjìng　　眼镜（めがね）
　　　　　　　　③ shǒubiǎo　手表（腕時計）
　　　　　　　　❹ shǒujī　　手机（携帯電話）

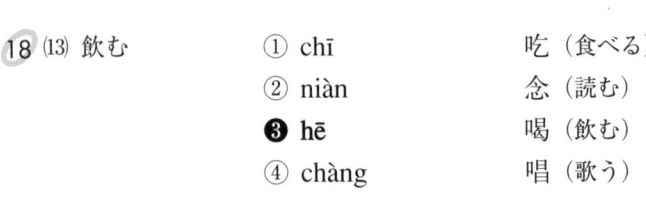

20 (15) うれしい　　❶ gāoxìng　　高兴（うれしい）
　　　　　　　　② liángkuai　　凉快（涼しい）
　　　　　　　　③ róngyì　　　容易（やさしい）
　　　　　　　　④ hǎokàn　　　好看（きれいだ）

2

解答：1.(1)❷　(2)❹　(3)❹　(4)❷　(5)❸　2.(6)❶　(7)❸　(8)❷　(9)❶　(10)❷

1. 日文中訳（語句）：人数や時間等，数を含む基本的な表現が正確にできるかどうかを問うています。　　　　　　　　　　　　　　　　　　　　　　(2点×5)

22 (1) 7時15分　　① 七点三刻　　qī diǎn sān kè　　（7時45分）
　　　　　　　　❷ 七点一刻　　qī diǎn yí kè　　（7時15分）
　　　　　　　　③ 一点十五分　yì diǎn shíwǔ fēn　（1時15分）
　　　　　　　　④ 九点十五分　jiǔ diǎn shíwǔ fēn　（9時15分）

> 時刻を示す場合の「…時」は"…点 diǎn"を使います。「7時」は"七点"，"一刻"は「15分」のことです。

23 (2) 6月29日　　① 九月二十六号　jiǔyuè èrshiliù hào　（9月26日）
　　　　　　　　② 六月十九号　　liùyuè shíjiǔ hào　（6月19日）
　　　　　　　　③ 九月十六号　　jiǔyuè shíliù hào　（9月16日）
　　　　　　　　❹ 六月二十九号　liùyuè èrshijiǔ hào　（6月29日）

12

月日をいう場合の「日」は"号 hào"または"日 rì"を使います。"六 liù"と"九 jiǔ"の聞き分けにも注意しましょう。

24 (3) 水曜日　　① 三个星期　sān ge xīngqī　　（3 週間）
　　　　　　　　　② 星期四　　xīngqīsì　　　　（木曜日）
　　　　　　　　　③ 四个星期　sì ge xīngqī　　 （4 週間）
　　　　　　　　　❹ 星期三　　xīngqīsān　　　 （水曜日）

曜日は"星期"で表します。月曜日は"星期一"，火曜日は"星期二"というように「"星期"＋数」で表します。水曜日は"星期三"となります。日曜日は"星期天 tiān"または"星期日 rì"と言います。

25 (4) 208 元　　① 二百一十八元　èrbǎi yīshíbā yuán　（218 元）
　　　　　　　　　❷ 二百零八元　　èrbǎi líng bā yuán　（208 元）
　　　　　　　　　③ 八百零二元　　bābǎi líng èr yuán　（802 元）
　　　　　　　　　④ 八百一十二元　bābǎi yīshi'èr yuán　（812 元）

"元"は中国の通貨人民元の単位で，日本語の「円」に相当します。「208」は十の位がゼロであることを"零 líng"で示す必要があります。なお，3けた以上の数の中間の位に「0」がある場合，「0」がいくつあっても"零"を1回だけ入れて読みます。例：一千零八 yìqiān líng bā（1008）

26 (5) 2 年生　　① 二十岁　　èrshí suì　　　（20 歳）
　　　　　　　　　② 两个小时　liǎng ge xiǎoshí　（2 時間）
　　　　　　　　　❸ 二年级　　èr niánjí　　　　（2 学年）
　　　　　　　　　④ 两个人　　liǎng ge rén　　 （2 人）

中国語で「2」を表す場合，序数は"二 èr"を用います。"两 liǎng"は数量を表すときに使います。

2. 日文中訳（日常用語）：あいさつ語ほか日常生活の中で使われる基本的な表現を聞いて理解することができるかどうかを問うています。　　　　　　（2点×5）

㉘ (6) 値段を尋ねるとき

    ❶ 多少钱？　Duōshao qián?　　いくらですか。
    ② 几口人？　Jǐ kǒu rén?　　　何人家族ですか。
    ③ 几分钟？　Jǐ fēn zhōng?　　何分間ですか。
    ④ 多少次？　Duōshao cì?　　　何回ですか。

> 1けたの数を尋ねるときは"几 jǐ"を使い，"多少 duōshao"は数の制限なく使います。値段を尋ねるときは"多少钱？"と言います。なお，"几"の後には量詞（助数詞）を必要としますが，"多少"の後の量詞は省略することができます。②の"kǒu"は家族の人数をいうときに使います。

㉙ (7) 中国語で"谢谢"と言われたとき

    ① 不知道。Bù zhīdào.　　わかりません。
    ② 不一定。Bù yídìng.　　そうとは限りません。
    ❸ 不客气。Bú kèqi.　　　どういたしまして。
    ④ 不可能。Bù kěnéng.　　不可能である。

> "谢谢 xièxie"（ありがとう）という感謝のことばに対する返礼の表現は，"不客气"や"不谢 bú xiè"などを使います。

㉚ (8) 「どうですか」と尋ねるとき

    ① 怎么走？　　Zěnme zǒu?　　　どう行きますか。
    ❷ 怎么样？　　Zěnmeyàng?　　　どうですか。
    ③ 什么事儿？　Shénme shìr?　　何のご用ですか。
    ④ 什么时候？　Shénme shíhou?　いつですか。

> 「どのようであるか」と状態を尋ねる場合の疑問詞は"怎么样"です。

㉛ (9) 中国語で"对不起"と言われたとき

    ❶ 没关系！Méi guānxi.　　大丈夫です。
    ② 听不懂。Tīngbudǒng.　　聞いて分かりません。
    ③ 没意思。Méi yìsi.　　　面白くありません。
    ④ 不用谢。Búyòng xiè.　　お礼には及びません。

> "对不起 duìbuqǐ"（すみません）は謝罪やお詫びをするときによく使われることばです。返すことばは，"没关系"を使うのが一般的です。

32 (10) ゆっくり話してもらいたいとき
① 请再说一遍。　　Qǐng zài shuō yí biàn.　　もう一度お話しください。
❷ 请慢一点儿说。Qǐng màn yìdiǎnr shuō.
　　　　　　　　　　　　　　　　　　　　もう少しゆっくり話してください。
③ 请多多关照。　　Qǐng duōduō guānzhào.　どうぞよろしく。
④ 请等一下。　　　Qǐng děng yíxià.　　　　ちょっとお待ちください。

> お願いするときの表現は，"请 qǐng"を初めに使います。「ゆっくり」を表すには"慢"を使います。"一点儿"は「ちょっと」「少し」を表す数量詞です。

筆 記

3

解答：1. (1) ❸ (2) ❹ (3) ❶ (4) ❸ (5) ❹ 2. (6) ❸ (7) ❹ (8) ❷ (9) ❶ (10) ❷
3. (11) ❶ (12) ❹ (13) ❷ (14) ❶ (15) ❸

1. 発音（ピンイン表記）：ピンインの表記は発音に正確に対応しています。ピンイン表記を理解することは正確な発音を身につけることでもあります。 （2点×5）

(1) 远（遠い）
　① yún　　② yǔn　　❸ yuǎn　　④ yuán
(2) 坐（座る）
　① zòu　　② zhuò　　③ zhòu　　❹ zuò
(3) 书（本）
　❶ shū　　② shē　　③ shuō　　④ shāo
(4) 学习（勉強する）
　① xiáoxí　　② xuéshí　　❸ xuéxí　　④ xiáoshí
(5) 词典（辞書）
　① zìdiǎn　　② zìtiǎn　　③ cítiǎn　　❹ cídiǎn

> 　単語はピンイン表記が示す発音と一緒に覚えましょう。中国語の発音は日本語の漢字音と似ているものもありますが，大きく異なるものもあるので注意しましょう。日本語からの安易な類推は禁物です。

2. 日文中訳（空欄補充）：空欄に入る語はいずれも文法上のキーワードである。

(6) 彼はどんな仕事をしていますか。　　　　　　　　　　　（2点×5）

　他做（　什么　）工作？ Tā zuò shénme gōngzuò?
　① 哪儿 nǎr　　② 怎么 zěnme　　❸ 什么 shénme　　④ 谁 shéi

> 　"什么"には「なに」「なんの」「どんな」などの意味があります。①の"哪儿"は「どこ」，②の"怎么"は「どのように」あるいは「どうして」，④の"谁"は「だれ」という意味です。

16

(7) わたしは図書館へ行くけれど，あなたは？

我去图书馆，你（　呢　）？ Wǒ qù túshūguǎn, nǐ ne?

① 了 le　　② 吧 ba　　③ 吗 ma　　❹ 呢 ne

> 常用の語気助詞の問題です。"…呢"は日本語の「…は？」に相当するもので，直前の内容を受けて，その後を省略して尋ねるときに使います。①の"了"は完了や感嘆の語気を，②の"吧"は推量や勧誘の語気を，③の"吗"は疑問の語気をそれぞれ表すものですから，ここではふさわしくありません。

(8) この近くには郵便局はありません。

这附近（　没有　）邮局。Zhè fùjìn méiyǒu yóujú.

① 不是 bú shì　　❷ 没有 méiyǒu　　③ 不在 bú zài　　④ 没用 méi yòng

> 「ある場所には…はない」という場合は，"没有"を使って「場所+"没有"+人・モノ」の語順に並べます。①の"不是…"は「…ではない」，③の"不在…"は「…にはない」，④の"没用"は「使わなかった」で，意味的にも文法的にも，ここでは使うことができません。

(9) この写真はとてもきれいです。

这（　张　）照片很好看。Zhè zhāng zhàopiàn hěn hǎokàn.

❶ 张 zhāng　　② 本 běn　　③ 件 jiàn　　④ 只 zhī

> 紙など平らな面を持つものを数えるときは，量詞（助数詞）"张"を用います。②の"本"は書籍やノート類を数えるときに，③の"件"は事柄や上着などを数えるときに，④の"只"は動物やペアになるものの一方を数えるときなどに使います。

(10) わたしたちはみなギョーザを食べます。

我们（　都　）吃饺子。Wǒmen dōu chī jiǎozi.

① 也 yě　　❷ 都 dōu　　③ 还 hái　　④ 又 yòu

> 「みな，すべて」という場合には副詞の"都"を用います。①の"也"は「…も」，③の"还"は「まだ」，④の"又"は「また」の意味ですから，ここではふさわしくありません。

17

3. 日文中訳（語順選択）：文法上のキーワードを含む基本的な文を正確に組み立てることができるかどうかを問うています。　　　　　　　　　　（2点×5）

(11) 王先生は中国語の先生ではありません。
- ❶ 王老师不是汉语老师。Wáng lǎoshī bú shì Hànyǔ lǎoshī.
- ② 王老师是不汉语老师。
- ③ 王老师汉语老师不是。
- ④ 王老师不汉语老师是。

> 「…ではない」は，"是"の前に副詞の"不"を用いて"不是"の形にして表現します。

(12) 図書館はあまり大きくありません。
- ① 图书馆大不太。
- ② 图书馆太不大。
- ③ 图书馆太大不。
- ❹ 图书馆不太大。Túshūguǎn bú tài dà.

> 「あまり…ではない」は，程度を表す副詞"太"を用いて"不太"の後に形容詞や一部の動詞を用いて表現します。

(13) 彼は中華料理を食べるのが好きです。
- ① 他吃喜欢中国菜。
- ❷ 他喜欢吃中国菜。Tā xǐhuan chī Zhōngguó cài.
- ③ 他吃中国菜喜欢。
- ④ 他喜欢中国菜吃。

> 「…するのが好きだ」は，「"喜欢"＋動詞＋…」の語順で表現します。

(14) 北京の夏も非常に暑いです。
- ❶ 北京的夏天也非常热。Běijīng de xiàtiān yě fēicháng rè.
- ② 北京的夏天非常也热。
- ③ 北京的夏天非常热也。
- ④ 北京的夏天也热非常。

> 「…も…だ」は，副詞"也"を述語の前に置いて表現します。「非常に」は副詞ですから形容詞"热"の前に置きます。

(15) わたしはあした渡辺さんと一緒に行きます。
① 我跟明天渡边一起去。
② 我明天渡边跟一起去。
❸ 我明天跟渡边一起去。Wǒ míngtiān gēn Dùbiān yìqǐ qù.
④ 我明天跟渡边去一起。

> 「あした」など時間を表す語は述語の前に置かれます。「…と」は「介詞（前置詞）"跟"＋人」で表現し，動詞の前に置きます。さらに"一起"（一緒に）は副詞ですから動詞"去"の前に置きます。

4

解答：(1) a 听　b 骑　(2) a 画　b 写　(3) 便宜　(4) 电脑　(5) 时间

日文中訳（記述式・単語）：現在中国では文字表記に簡体字を用いることが正式に定められています。簡体字の形や画数に注意しましょう。日本の漢字と似ていても違うものが多くありますので，正確に覚えましょう。
(4点×5)

(1) a　音楽を聴く。　听音乐。　Tīng yīnyuè.
　　b　自転車に乗る。　骑自行车。　Qí zìxíngchē.

> a「聴く」は"听"と言います。"闻"ではありませんので注意しましょう。
>
> 听 tīng（聽）｜ ｜ ｜ ｜ ｜ ｜ ｜ 听 听 听　　（7画）
>
> b「乗る」は，馬や自転車のようにまたがって乗る場合は"骑"を使います。自動車や電車，飛行機は"坐 zuò"と言います。
>
> 骑 qí（騎） （11画）

(2) a　絵をかく。　画画儿。　Huà huàr.
　　b　手紙をかく。　写信。　Xiě xìn.

a 「字をかく」の「かく」は"写"ですが,「絵をかく」の「かく」は"画"を用います。日本語の「画」とは字形が違うので注意しましょう。"画" ☞ 巻末 p.71
　　b 「手紙」は"信","書く"は"写"です。日本語の「写」とは字形が異なるので注意しましょう。"写" ☞ 巻末 p.73

(3) このセーターはやすい。　这件毛衣很便宜。Zhè jiàn máoyī hěn piányi.

　　値段が安いことをいう形容詞は"便宜"です。

(4) 机の上にパソコンがある。　桌子上有电脑。Zhuōzi shang yǒu diànnǎo.

　　外来語の訳し方には音訳と意訳とがあります。「パソコン」は意訳語で"电脑"と言います。簡体字をしっかりと覚えましょう。"脑" ☞ 巻末 p.72

　　电 diàn（電）丶 冂 冂 日 电 (5画)

(5) 時間が長い。　时间很长。Shíjiān hěn cháng.

　　簡体字を正確に書きましょう。簡体字の門構え"冂"は日本語の「門」の略字「冂」とは異なります。"冂" ☞ 巻末 p.72

　　间 jiān（間） 丶 冂 门 问 问 间 (7画)

第87回
(2015年11月)

問　題
　リスニング……………………………………… 22
　筆　記…………………………………………… 26
　　　解答時間：計60分
　　　配点：リスニング50点，筆記50点

解答と解説
　リスニング……………………………………… 29
　筆　記…………………………………………… 36

リスニング　(⇨解答と解説29頁)

1． 1．これから読む(1)〜(5)の中国語と一致するものを，それぞれ①〜④の中から1つ選び，その番号を解答欄にマークしなさい。　　　　　　　　　　　(10点)

(1)　① duō　　② tóu　　③ dǒu　　④ tuò

(2)　① xī　　② shī　　③ xū　　④ shū

(3)　① juǎn　　② quán　　③ zhuǎn　　④ chuán

(4)　① gùn　　② gòng　　③ kòng　　④ kùn

(5)　① cài　　② chái　　③ zài　　④ zhái

2．(6)〜(10)のピンイン表記と一致するものを，それぞれ①〜④の中から1つ選び，その番号を解答欄にマークしなさい。　　　　　　　　　　　(10点)

(6) bàozhǐ　　①　　②　　③　　④

(7) Rìyǔ　　①　　②　　③　　④

(8) qìchuán　　①　　②　　③　　④

(9) chéngzhǎng　　①　　②　　③　　④

(10) xuéxí　　①　　②　　③　　④

22

3. (11)～(15)の日本語を中国語で言い表す場合，最も適当なものを，それぞれ①～④の中から1つ選び，その番号を解答欄にマークしなさい。　　　　　　　　（10点）

(11) 腕時計
　　①
　　②
　　③
　　④

(12) 医者
　　①
　　②
　　③
　　④

(13) 切符を買う
　　①
　　②
　　③
　　④

(14) 風が吹く
　　①
　　②
　　③
　　④

(15) 家に帰る
　　①
　　②
　　③
　　④

2 1. (1)～(5)の日本語を中国語で言い表す場合，最も適当なものを，それぞれ①～④の中から1つ選び，その番号を解答欄にマークしなさい。　　　　　　　　(10点)

(1) 2時間
　①
　②
　③
　④

(2) おととい
　①
　②
　③
　④

(3) 1020
　①
　②
　③
　④

(4) 春
　①
　②
　③
　④

(5) 来週の火曜日
　①
　②
　③
　④

2. (6)～(10)のような場合，中国語ではどのように言うのが最も適当か，それぞれ①～④の中から1つ選び，その番号を解答欄にマークしなさい。　　　　　　(10点)

(6)「お元気ですか」と尋ねるとき
　　①
　　②
　　③
　　④

(7) 人からお礼を言われたとき
　　①
　　②
　　③
　　④

(8) 何人家族かを尋ねるとき
　　①
　　②
　　③
　　④

(9) 年齢を尋ねるとき
　　①
　　②
　　③
　　④

(10) どこに行くのかを尋ねるとき
　　①
　　②
　　③
　　④

筆記 (⇨解答と解説36頁)

3 1. (1)～(5)の中国語の正しいピンイン表記を，それぞれ①～④の中から1つ選び，その番号を解答欄にマークしなさい。　　　　　　　　　　　　　　　(10点)

(1) 说　　① shōu　　② shuō　　③ shēng　　④ suō
(2) 苦　　① kǔ　　　② gǔ　　　③ hú　　　　④ fú
(3) 冷　　① rǒng　　② rěng　　③ lǒng　　　④ lěng
(4) 旅游　① lǔyóu　 ② lúyǒu　 ③ lǐyóu　　 ④ lùyòu
(5) 欢迎　① fǎnyìng　② huānyíng　③ fǎngwèn　④ hànyǔ

2. (6)～(10)の日本語の意味になるように空欄を埋めるとき，最も適当なものを，それぞれ①～④の中から1つ選び，その番号を解答欄にマークしなさい。　(10点)

(6) 先生にお聞きしなさい。
　　你（　　）老师吧。
　　① 听　　　② 问　　　③ 说　　　④ 讲

(7) わたしは辞書を1冊買いました。
　　我买了一（　　）词典。
　　① 枚　　　② 条　　　③ 本　　　④ 张

(8) あなたはどんな小説を読みますか。
　　你看（　　）小说?
　　① 哪儿　　② 怎么　　③ 谁　　　④ 什么

(9) わたしは大学生ですが，あなたは。
　　我是大学生，你（　　）?
　　① 吗　　　② 呢　　　③ 吧　　　④ 了

(10) 中国語はそれほど難しくありません。
　　汉语不（　　）难。
　　① 是　　　② 也　　　③ 太　　　④ 都

3. (11)〜(15)の日本語の意味になるように，それぞれ①〜④を並べ替えたとき，[　]内に入るものはどれか，その番号を解答欄にマークしなさい。　　　　　　(10点)

(11) あなたの電話番号は何番ですか。

　　　_____ _____ [_____] _____?

　　　① 多少　　　② 你的　　　③ 是　　　④ 电话号码

(12) わたしもコーヒーを飲みません。

　　　我_____ [_____] _____ _____。

　　　① 咖啡　　　② 不　　　③ 喝　　　④ 也

(13) わたしはあなたにプレゼントを1つあげます。

　　　我_____ [_____] _____ _____。

　　　① 一个　　　② 给　　　③ 你　　　④ 礼物

(14) わたしは毎朝7時に起きます。

　　　我_____ _____ [_____] _____。

　　　① 起床　　　② 7点　　　③ 早上　　　④ 每天

(15) 昼ごはんはあなたはどこで食べますか。

　　　午饭_____ [_____] _____ _____?

　　　① 你　　　② 哪儿　　　③ 吃　　　④ 在

第87回 問題 [筆記]

27

4 (1)〜(5)の日本語を中国語に訳したとき，下線部の日本語に当たる中国語を漢字（簡体字）で解答欄に書きなさい。なお，(1)・(2)はいずれも漢字 1 文字で，(3)〜(5)はいずれも漢字 2 文字で解答しなさい。（漢字は崩したり略したりせずに書くこと。）

(20 点)

(1) a 頭が痛い。

　　b 薬を飲む。

(2) a 家を売る。

　　b 値段が高い。

(3) ドアを閉める。

(4) 飛行機に乗る。

(5) スケートをする。

リスニング

1

解答：1.(1)❶ (2)❸ (3)❷ (4)❸ (5)❹ 2.(6)❹ (7)❸ (8)❷ (9)❸ (10)❶
　　 3.(11)❷ (12)❶ (13)❹ (14)❸ (15)❷

1. 発音（1音節）：中国語の発音が正確に聞き取れているかピンインを使って調べる問題です。ピンインは文字としてではなく音と関連付けて覚えるようにしましょう。＊以下に参考として示す(1)〜(10)の漢字と意味は必ずしも準4級レベルのものではありません。

(2点×5)

04 (1) duō 多　　　❶ duō　　　多＊
　　　　　　　　② tóu　　　头
　　　　　　　　③ dǒu　　　抖
　　　　　　　　④ tuò　　　拓

　　無気音（d）と有気音（t），複合母音（uo）と（ou），声調を聞き分ける問題です。

05 (2) xū 需　　　① xī　　　西
　　　　　　　　② shī　　　诗
　　　　　　　　❸ xū　　　需
　　　　　　　　④ shū　　　书

　　舌面音（x）と巻舌音（sh），母音（ü）（i）（u）を聞き分ける問題です。

06 (3) quán 全　　① juǎn　　卷
　　　　　　　　❷ quán　　全
　　　　　　　　③ zhuǎn　转
　　　　　　　　④ chuán　船

　　舌面音（q）と（j），巻舌音（zh）と（ch），母音（ü）と巻舌音の後の複合母音（ua），声調を聞き分ける問題です。

29

07 (4) kòng 空　　　① gùn　　　　　棍
　　　　　　　　　② gòng　　　　　共
　　　　　　　　　❸ kòng　　　　　空
　　　　　　　　　④ kùn　　　　　　困

> 有気音（k）と無気音（g），奥鼻母音（ng）と前鼻母音（n）を聞き分ける問題です。

08 (5) zhái 宅　　　① cài　　　　　菜
　　　　　　　　　② chái　　　　　柴
　　　　　　　　　③ zài　　　　　再
　　　　　　　　　❹ zhái　　　　　宅

> 巻舌音（zh）(ch) と舌尖前音（z）(c) の無気音と有気音，声調を聞き分ける問題です。

2. **発音（2音節）**：おろそかに聞くと間違えてしまうような音を集めています。それぞれの音の細かな差は何回も聴いて聞き分けられるようにしましょう。

(2点×5)

10 (6) bàozhǐ 报纸　　① bāozi　　　　包子（肉まん）
　　　　　　　　　② bāojī　　　　包机（チャーター機）
　　　　　　　　　③ bǎozhì　　　　保质（品質を保証をする）
　　　　　　　　　❹ bàozhǐ　　　　报纸（新聞）

> 巻舌音（zh）と舌尖前音（z）と舌面音（j）を聞き分け，声調の識別も含む問題です。

11 (7) Rìyǔ 日语　　　① lǐyú　　　　　鲤鱼（鲤）
　　　　　　　　　② rìyì　　　　　日益（日増しに）
　　　　　　　　　❸ Rìyǔ　　　　　日语（日本語）
　　　　　　　　　④ lìyì　　　　　利益（利益）

> 巻舌音（r）と舌尖音（l）及び単母音（ü）と（i）を聞き分け，声調の識別も含む問題です。

30

12 (8) qìchuán 汽船　　① jīchǎng　　　　机场（空港）
　　　　　　　　　　❷ **qìchuán**　　　汽船（汽船）
　　　　　　　　　　③ jùchǎng　　　　剧场（劇場）
　　　　　　　　　　④ qūzhǎng　　　　区长（区長）

　　舌面音（q）(j)，卷舌音（ch）(zh)，前鼻母音（n）と奥鼻母音（ng）を聞き分け，声調の識別も含む問題です。

13 (9) chéngzhǎng 成长　① shēngchǎn　　生产（生産する）
　　　　　　　　　　　② zēngchǎn　　　增产（増産する）
　　　　　　　　　　　❸ **chéngzhǎng**　成长（成長する）
　　　　　　　　　　　④ shēngcún　　　生存（生存する）

　　卷舌音（ch）(sh) と舌尖前音（z），奥鼻母音（ng）と前鼻母音（n）を聞き分け，声調の識別も含む問題です。

14 (10) xuéxí 学习　　　❶ **xuéxí**　　　　学习（学ぶ）
　　　　　　　　　　　② xiāoxi　　　　　消息（ニュース）
　　　　　　　　　　　③ xiūxi　　　　　 休息（休憩する）
　　　　　　　　　　　④ xiǎoshí　　　　小时（～時間）

　　複合母音（üe）(iao)(iu)，舌面音（x）と卷舌音（sh）を聞き分ける問題です。

3. 日文中訳（単語）：与えられた日本語に対応する単語またはフレーズの意味を類義，反義，関連語のグループの中から選びます。　　　　　　　（2点×5）

16 (11) 腕時計　　　① 手机 shǒujī　　　　（携帯電話）
　　　　　　　　　❷ **手表 shǒubiǎo**　　（腕時計）
　　　　　　　　　③ 钱包 qiánbāo　　　　（財布）
　　　　　　　　　④ 邮票 yóupiào　　　　（切手）

17 (12) 医者　　　　❶ **医生 yīshēng**　　（医者）
　　　　　　　　　② 老师 lǎoshī　　　　　（学校の先生）
　　　　　　　　　③ 司机 sījī　　　　　　（運転手）
　　　　　　　　　④ 学生 xuésheng　　　 （生徒，学生）

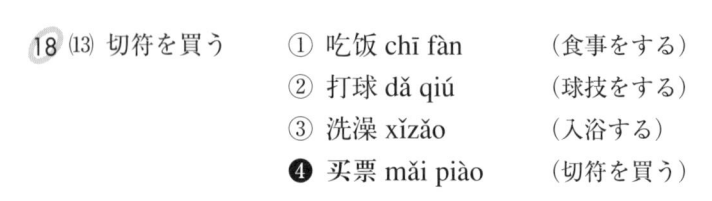

18 ⒀ 切符を買う　　① 吃饭 chī fàn　　　　（食事をする）
　　　　　　　　　② 打球 dǎ qiú　　　　（球技をする）
　　　　　　　　　③ 洗澡 xǐzǎo　　　　　（入浴する）
　　　　　　　　　❹ 买票 mǎi piào　　　 （切符を買う）

19 ⒁ 風が吹く　　　① 下雪 xià xuě　　　　（雪が降る）
　　　　　　　　　② 打雷 dǎléi　　　　　（雷が鳴る）
　　　　　　　　　❸ 刮风 guā fēng　　　　（風が吹く）
　　　　　　　　　④ 下雨 xià yǔ　　　　　（雨が降る）

20 ⒂ 家に帰る　　　① 起床 qǐchuáng　　　（起きる）
　　　　　　　　　❷ 回家 huí jiā　　　　（家に帰る）
　　　　　　　　　③ 上课 shàngkè　　　　（授業に出る）
　　　　　　　　　④ 睡觉 shuìjiào　　　　（寝る，眠る）

2

解答：1.⑴❶　⑵❶　⑶❷　⑷❹　⑸❹　2.⑹❷　⑺❶　⑻❸　⑼❸　⑽❸

1. 日文中訳（語句）：人数や時間等，数を含む基本的な表現が正確にできるかどうかを問うています。　　　　　　　　　　　　　　　　　　　　　　（2点×5）

22 ⑴ 2時間　　　❶ 两小时 liǎng xiǎoshí　　（2時間）
　　　　　　　　② 两点　 liǎng diǎn　　　　（2時）
　　　　　　　　③ 二号　 èr hào　　　　　　（2日）
　　　　　　　　④ 两天　 liǎng tiān　　　　（2日間）

> 時間を60分単位で数えるときには"小时"または"钟头 zhōngtóu"という単位を使います。②の"点"は時刻を，③の"号"は何月何日の「日」を，④の"天"は日数の「…日間」を表します。

23 ⑵ おととい　　❶ 前天 qiántiān　　　　（おととい）
　　　　　　　　② 后天 hòutiān　　　　（あさって）
　　　　　　　　③ 明天 míngtiān　　　　（あした）
　　　　　　　　④ 今天 jīntiān　　　　　（きょう）

"今天 jīntiān" と "前天 qiántiān" を聞き間違えないようにしましょう。

24 (3) 1020
① 一千零二　　yìqiān líng èr　　（1002）
❷ 一千零二十　yìqiān líng èrshí　（1020）
③ 千零二零　　qiān líng èr líng
④ 一千二　　　yìqiān èr　　　　（1200）

「1020」は，百の位が欠けているので"零"で示す必要があります。途中の位が欠けている場合は後の位が「0」であっても位を省略することはできません。

25 (4) 春
① 冬天 dōngtiān　（冬）
② 秋天 qiūtiān　（秋）
③ 夏天 xiàtiān　（夏）
❹ 春天 chūntiān　（春）

中国語は日本語と違って話し言葉の場合「春夏秋冬」の後にそれぞれ"天"が付きます。

26 (5) 来週の火曜日
① 上星期二 shàng xīngqī'èr　（先週の火曜日）
② 下星期三 xià xīngqīsān　（来週の水曜日）
③ 上星期三 shàng xīngqīsān　（先週の水曜日）
❹ 下星期二 xià xīngqī'èr　（来週の火曜日）

月曜日から"星期一""星期二"…と順番に数えていきます。日曜日は"星期天 xīngqītiān"です。先週は"星期"の前に"上"を，来週は"下"を付けます。月曜から土曜までは，数との対応関係に素早く反応できるようにしましょう。

2. 日文中訳（日常用語）：あいさつ語ほか日常生活の中で使われる基本的な表現を聞いて理解することができるかどうかを問うています。
(2点×5)

28 (6) 「お元気ですか」と尋ねるとき
① 你学习忙吗？　Nǐ xuéxí máng ma?　勉強は忙しいですか。
❷ 你身体好吗？　Nǐ shēntǐ hǎo ma?　お元気ですか。
③ 你明天来吗？　Nǐ míngtiān lái ma?　あしたは来ますか。
④ 你工作忙吗？　Nǐ gōngzuò máng ma?　仕事は忙しいですか。

　　形容詞の"好"は，「良い・立派な／健康である／仲が良い」など色々な日本語に対応します。

29 (7) 人からお礼を言われたとき
❶ 不客气！　Bú kèqi!　どう致しまして。
② 谢谢你！　Xièxie nǐ!　ありがとうございます。
③ 对不起！　Duìbuqǐ!　すみません。
④ 太好了！　Tài hǎo le!　それは良かった。

　　お礼や感謝に対する返礼の表現は，"不客气"を使います。

30 (8) 何人家族かを尋ねるとき
① 你有几个姐姐？　Nǐ yǒu jǐ ge jiějie?　あなたは何人お姉さんがいますか。
② 你有哥哥吗？　Nǐ yǒu gēge ma?　あなたはお兄さんはいますか。
❸ 你家有几口人？　Nǐ jiā yǒu jǐ kǒu rén?　あなたのところは何人家族ですか。
④ 你家在哪儿？　Nǐ jiā zài nǎr?　あなたの家はどこにありますか。

　　人を数える量詞（助数詞）は"个 ge"ですが，家族の人数をいうときは"口 kǒu"を使います。

31 (9) 年齢を尋ねるとき
① 这个多少钱？　Zhège duōshao qián?　これはいくらですか。
② 要多长时间？　Yào duō cháng shíjiān?　どれくらい時間がかかりますか。
❸ 你多大了？　Nǐ duō dà le?　おいくつですか。
④ 你要几个？　Nǐ yào jǐ ge?　いくつ要りますか。

相手によって年齢の尋ね方は違います。一番広く使えるのが③の"你多大了？"で，子供に対しては"你几岁（了）？ Nǐ jǐ suì (le) ?"，年配の人に対しては"您多大岁数（了）？ Nín duō dà suìshu (le) ？／您多大年纪（了）？ Nín duō dà niánjì (le) ?"などを使います。

32 (10) どこに行くのかを尋ねるとき

　　① 你买什么？　Nǐ mǎi shénme?　　　　何を買いますか。
　　② 你在哪儿？　Nǐ zài nǎr?　　　　　　どこにいますか。
　　❸ 你去哪儿？　Nǐ qù nǎr?　　　　　　　どこに行きますか。
　　④ 你几点去？　Nǐ jǐ diǎn qù?　　　　　何時に行きますか。

　　　選択肢の文はすべて疑問詞疑問文なので，文末に"吗"を加えません。答えは疑問詞の部分に入れます。

筆　記

3

解答：1. (1) ❷　(2) ❶　(3) ❹　(4) ❶　(5) ❷　2. (6) ❷　(7) ❸　(8) ❹　(9) ❷　(10) ❸
　　　3. (11) ❸　(12) ❷　(13) ❸　(14) ❷　(15) ❹

1. 発音（ピンイン表記）：ピンインの表記は発音に正確に対応しています。ピンイン表記を理解することは正確な発音を身につけることでもあります。　(2点×5)

(1) 说（言う）
　　① shōu　　❷ shuō　　③ shēng　　④ suō
(2) 苦（苦しい／苦い）
　　❶ kǔ　　② gǔ　　③ hú　　④ fú
(3) 冷（寒い）
　　① rǒng　　② rěng　　③ lǒng　　❹ lěng
(4) 旅游（旅行／旅行する）
　　❶ lǚyóu　　② lúyǒu　　③ lǐyóu　　④ lùyòu
(5) 欢迎（歓迎する）
　　① fǎnyìng　　❷ huānyíng　　③ fǎngwèn　　④ hànyǔ

> 単語はピンイン表記が示す発音と一緒に覚えましょう。中国語の発音は日本語の漢字音と似ているものもありますが，違いもありますので注意しましょう。日本語からの安易な類推は禁物です。

2. 日文中訳（空欄補充）：空欄に入る語はいずれも文法上のキーワードである。

(2点×5)

(6) 先生にお聞きしなさい。
　　你（　问　）老师吧。Nǐ wèn lǎoshī ba.
　　① 听 tīng　　❷ 问 wèn　　③ 说 shuō　　④ 讲 jiǎng

> ①"听"は「聞く」，②"问"は「質問する，尋ねる」，③"说"④"讲"は「話す，しゃべる」の意味なので，②が正解です。文末の"吧"はここでは軽い命令を表します。

(7) わたしは辞書を1冊買いました。

我买了一（　本　）词典。Wǒ mǎile yì běn cídiǎn.

① 枚 méi　　② 条 tiáo　　❸ 本 běn　　④ 张 zhāng

> 量詞（助数詞）の使い分けの問題です。中国語でモノを数える時は「数詞＋量詞＋名詞」の語順になります。辞書など書籍類を数える量詞は"本"を用いますので，③が正解です。①"枚"はメダルなど小型の平たく円い物を，②"条"は細長い物を，④"张"は平らな面を持つ物を数える量詞です。

(8) あなたはどんな小説を読みますか。

你看（　什么　）小说？Nǐ kàn shénme xiǎoshuō?

① 哪儿 nǎr　　② 怎么 zěnme　　③ 谁 shéi　　❹ 什么 shénme

> 疑問詞疑問文の問題です。「どんな，なんの」という意味を表す疑問詞"什么"は直接名詞を修飾することができます。①"哪儿"は「どこ」，②"怎么"は「なぜ，どうやって」，③"谁"は「だれ」という疑問詞で，いずれも名詞を直接修飾することはできません。④の"什么"が正解です。

(9) わたしは大学生ですが，あなたは。

我是大学生，你（　呢　）？Wǒ shì dàxuéshēng, nǐ ne?

① 吗 ma　　❷ 呢 ne　　③ 吧 ba　　④ 了 le

> 「…は？」という省略疑問文ですので，②の"呢"を選択します。"…呢？"は直前の内容を受けて，その後を省略して尋ねるときに使います。

(10) 中国語はそれほど難しくありません。

汉语不（　太　）难。Hànyǔ bú tài nán.

① 是 shì　　② 也 yě　　❸ 太 tài　　④ 都 dōu

> "不太…"は「それほど…ではない」という部分否定を表し，形容詞や一部の動詞の前に置きます。③の"太"が正解です。

3. 日文中訳（語順選択）：文法上のキーワードを含む基本的な文を正確に組み立てることができるかどうかを問うています。 (2点×5)

(11) あなたの電話番号は何番ですか。
　　② 你的　④ 电话号码　[❸ 是]　① 多少?
　　Nǐ de diànhuà hàomǎ shì duōshao?

> 電話番号を尋ねる場合は"多少"で聞きます。

(12) わたしもコーヒーを飲みません。
　　我　④ 也　[❷ 不]　③ 喝　① 咖啡。
　　Wǒ yě bù hē kāfēi.

> "也"は「…もまた」を表す副詞で，動詞句の前に置きます。"不"も副詞ですが，"也－不"の順序になり，"不－也"とはなりません。

(13) わたしはあなたにプレゼントを1つあげます。
　　我　② 给　[❸ 你]　① 一个　④ 礼物。
　　Wǒ gěi nǐ yí ge lǐwù.

> "给"は二重目的語をとる動詞です。「"给"＋人＋モノ」の順番に並べます。

(14) わたしは毎朝7時に起きます。
　　我　④ 每天　③ 早上　[❷ 7点]　① 起床。
　　Wǒ měi tiān zǎoshang qī diǎn qǐchuáng.

> 中国語の時間詞は日本語と同様に「いつ…する」の語順「時間詞＋動詞」で並べます。したがって，「7時に起きます」は"7点起床"です。

(15) 昼ごはんはあなたはどこで食べますか。
　　午饭　① 你　[❹ 在]　② 哪儿　③ 吃?
　　Wǔfàn nǐ zài nǎr chī?

> 場所を表す言葉は日本語と同様に「ある場所で…する」の語順で並べます。したがって，「どこで」は"在哪儿"として動詞の前に置きます。

4

解答：(1) a 头　b 药　　(2) a 卖　b 贵　　(3) 关门　　(4) 飞机　　(5) 滑冰

日文中訳（記述式・単語）：現在中国では文字表記に簡体字を用いることが正式に定められています。簡体字の形や画数に注意しましょう。日本の漢字と似ていても違うものが多くありますので，正確に覚えましょう。　　　　　　　　　　(4点×5)

(1) a　<u>頭</u>が痛い。　<u>头</u>疼。Tóu téng.
　　b　<u>薬</u>を飲む。　吃<u>药</u>。Chī yào.

> a "头"の2つの点の位置に注意しましょう。
> b "药"の草冠の下は日本語の字とまったく異なるので注意しましょう。
>
> 头 tóu（頭）丶 𠄌 头 头　　　　　　　　　　　　　　　　(5画)
>
> 药 yào（薬）一 艹 艹 艹 䒑 芍 菂 药 药　　　　　　　　　(9画)

(2) a　家を<u>売る</u>。　　<u>卖</u>房子。　Mài fángzi.
　　b　値段が<u>高い</u>。　价钱很<u>贵</u>。Jiàqian hěn guì.

> a 「売る」"卖 mài"は「買う」"买 mǎi"と発音，漢字ともよく似ているので間違えないようにしましょう。"买" ☞ 巻末 p.72
> b 背丈や建物が「高い」は"高 gāo"ですが，値段が「高い」は"贵 guì"です。
>
> 卖 mài（売）一 十 士 吉 吉 吉 卖 卖　　　　　　　　　　(8画)
>
> 贵 guì（貴）丶 口 口 中 虫 虫 贵 贵　　　　　　　　　　(8画)

(3) ドアを閉める。　<u>关门</u>。Guān mén.

> 「閉める」は"关"。「関」の簡体字"关"と「門」の簡体字"门"を正しく書けるようにしましょう。"门" ☞ 巻末 p.72

(4) 飛行機に乗る。　坐飞机。Zuò fēijī.

> 　　日本の常用漢字では「坐」を「座」に統合してしまいましたが，中国語では"坐"(動詞)と"座"(名詞)を使い分けます。"坐"は飛行機のほか，船・電車・自動車など乗り物一般に用います。動詞の場合は"坐"で，"座"は使いません。"飞机"は"飞""机"ともに大胆に簡略化されていますので，注意しましょう。
>
> 　　飞 fēi（飛）　乛 飞 飞　　　　　　　　　　　　　　　（3画）

(5) スケートをする。　滑冰。Huá bīng.

> 　"滑冰"の"滑"のつくりに注意しましょう。"骨"(中) ⇔「骨」(日)。
> "骨 gǔ" ☞ 巻末 p.71
>
> 　　滑 huá（滑）　丶 亠 氵 汩 汩 汩 泻 滑 滑 滑（12画）

第88回
(2016年3月)

問題
　リスニング 42
　筆　記 46
　　解答時間：計60分
　　配点：リスニング50点，筆記50点

解答と解説
　リスニング 49
　筆　記 56

リスニング （⇨解答と解説49頁）

1. 1. これから読む(1)～(5)の中国語と一致するものを，それぞれ①～④の中から1つ選び，その番号を解答欄にマークしなさい。　　　　　　　　　　（10点）

(1)　① pēi　　② féi　　③ běi　　④ bèi

(2)　① xǐng　② xiǎn　③ shǎng　④ xiǎng

(3)　① qū　　② chū　　③ qī　　④ chī

(4)　① lòu　　② duò　　③ huò　　④ luò

(5)　① suī　　② shéi　　③ shài　　④ shuǐ

2. (6)～(10)のピンイン表記と一致するものを，それぞれ①～④の中から1つ選び，その番号を解答欄にマークしなさい。　　　　　　　　　　（10点）

(6) shàngyī　① 　② 　③ 　④

(7) diànhuà　① 　② 　③ 　④

(8) huíjiā　① 　② 　③ 　④

(9) xiǎoshí　① 　② 　③ 　④

(10) yīyuè　① 　② 　③ 　④

3. (11)～(15)の日本語を中国語で言い表す場合，最も適当なものを，それぞれ①～④の中から1つ選び，その番号を解答欄にマークしなさい。　　　　　　　　（10点）

(11) きのう
　①
　②
　③
　④

(12) ライス
　①
　②
　③
　④

(13) 空港
　①
　②
　③
　④

(14) 歩く
　①
　②
　③
　④

(15) 書く
　①
　②
　③
　④

21 **2** 1. (1)～(5)の日本語を中国語で言い表す場合，最も適当なものを，それぞれ①～④の中から1つ選び，その番号を解答欄にマークしなさい。　　　　　　　　（10点）

22　(1) 土曜日

　　　①
　　　②
　　　③
　　　④

23　(2) 140 元

　　　①
　　　②
　　　③
　　　④

24　(3) 2020 年

　　　①
　　　②
　　　③
　　　④

25　(4) 大学生

　　　①
　　　②
　　　③
　　　④

26　(5) 銀行

　　　①
　　　②
　　　③
　　　④

2. (6)〜(10)のような場合，中国語ではどのように言うのが最も適当か，それぞれ①〜④の中から1つ選び，その番号を解答欄にマークしなさい。　　　　　　　（10点）

(6) 室内に招き入れるとき

①
②
③
④

(7) あやまるとき

①
②
③
④

(8) 曜日をたずねるとき

①
②
③
④

(9) 相手に少し待ってもらうとき

①
②
③
④

(10) 休もうと提案するとき

①
②
③
④

筆 記 （⇨解答と解説56頁）

3 1. (1)～(5)の中国語の正しいピンイン表記を，それぞれ①～④の中から1つ選び，その番号を解答欄にマークしなさい。　　　　　　　　　　　　（10点）

(1) 块　　　　① guài　　　② kuài　　　③ kuì　　　④ guì
(2) 在　　　　① zhài　　　② chài　　　③ zài　　　④ cài
(3) 班　　　　① hàn　　　② wǎn　　　③ pán　　　④ bān
(4) 漂亮　　　① piàoliang　② biāolian　③ piàolian　④ biǎoliang
(5) 上课　　　① shǎnggē　② sàngkè　　③ shàngkè　④ sànggē

2. (6)～(10)の日本語の意味になるように空欄を埋めるとき，最も適当なものを，それぞれ①～④の中から1つ選び，その番号を解答欄にマークしなさい。　（10点）

(6) あの作家は橋本春菜といいます。
　　那个作家（　　）桥本春菜。
　　① 有　　　　② 叫　　　　③ 在　　　　④ 姓

(7) 彼女らはスーパーマーケットで買い物をします。
　　她们在超市（　　）东西。
　　① 听　　　　② 坐　　　　③ 买　　　　④ 卖

(8) あなたの本はどこにありますか。
　　你的书在（　　）？
　　① 那儿　　　② 什么　　　③ 哪儿　　　④ 怎么

(9) 彼は毎日8時間寝ます。
　　他每天睡8个（　　）。
　　① 时候　　　② 小时　　　③ 时刻　　　④ 时间

(10) 君は参加できますか。
　　你（　　）参加吗？
　　① 要　　　　② 能　　　　③ 想　　　　④ 会

3. (11)～(15)の日本語の意味に合う中国語を，それぞれ①～④の中から1つ選び，その番号を解答欄にマークしなさい。 (10点)

(11) あの店は大きい。
① 商店那个很大。
② 商店很大那个。
③ 那个很大商店。
④ 那个商店很大。

(12) 彼女は来年中国に行きます。
① 中国她去明年。
② 她明年中国去。
③ 她明年去中国。
④ 她去中国明年。

(13) 鈴木さんはわたしたちの先生です。
① 铃木先生是我们的老师。
② 铃木先生我们的老师是。
③ 我们的铃木先生是老师。
④ 我们的老师铃木先生是。

(14) わたしはオーバーを着ていません。
① 我没有穿大衣。
② 我穿大衣没有。
③ 我大衣穿没有。
④ 我没有大衣穿。

(15) きょう映画を観に行きますか。
① 你今天看去电影吗?
② 你看电影今天去吗?
③ 今天看去电影你吗?
④ 今天你去看电影吗?

4　(1)〜(5)の日本語を中国語に訳したとき，下線部の日本語に当たる中国語を漢字（簡体字）で解答欄に書きなさい。なお，(1)・(2)はいずれも漢字1文字で，(3)〜(5)はいずれも漢字2文字で解答しなさい。（漢字は崩したり略したりせずに書くこと。）

(20点)

(1) a 服を<u>着替える</u>。

　　b きょうは<u>暑い</u>。

(2) a <u>お金</u>がない。

　　b 彼は今年二十<u>歳</u>だ。

(3) <u>駅</u>に着く。

(4) 本文を<u>復習する</u>。

(5) この自転車はとても<u>安い</u>。

48

リスニング

1

解答：1.(1)❸ (2)❹ (3)❶ (4)❹ (5)❷　2.(6)❷ (7)❸ (8)❶ (9)❸ (10)❹
　　　3.(11)❸ (12)❷ (13)❸ (14)❹ (15)❶

1. **発音（1音節）**：中国語の発音が正確に聞き取れているかピンインを使って調べる問題です。ピンインは文字としてではなく音と関連付けて覚えるようにしましょう。＊以下に参考として示す(1)～(10)の漢字と意味は必ずしも準4級レベルのものではありません。

(2点×5)

04 (1) běi 北　　① pēi　　　　　　胚＊
　　　　　　　　② féi　　　　　　肥
　　　　　　　　❸ běi　　　　　　北
　　　　　　　　④ bèi　　　　　　背

唇音（p）(f)(b) を聞き分け，声調も識別する問題です。

05 (2) xiǎng 想　① xǐng　　　　　醒
　　　　　　　　② xiǎn　　　　　顕
　　　　　　　　③ shǎng　　　　賞
　　　　　　　　❹ xiǎng　　　　想

舌面音（x）と巻舌音（sh），奥鼻母音（ing）(ian)(ang)(iang）を聞き分ける問題です。舌面音と巻舌音は聞き間違えやすい子音です。

06 (3) qū 区　　❶ qū　　　　　　区
　　　　　　　　② chū　　　　　　出
　　　　　　　　③ qī　　　　　　　七
　　　　　　　　④ chī　　　　　　吃

舌面音（q）と巻舌音（ch），母音（u）(i)(ü) を聞き分ける問題です。舌面音（j）(q)(x) につくときの（ü）は（u）と綴ります。

49

07 (4) luò 落　　① lòu　　　　　漏
　　　　　　　　② duò　　　　　堕
　　　　　　　　③ huò　　　　　或
　　　　　　　　❹ luò　　　　　落

　　舌尖音（l）(d) と舌根音（h），複合母音（ou）(uo) を聞き分ける問題です。

08 (5) shéi 谁　　① suī　　　　　虽
　　　　　　　　❷ shéi　　　　　谁
　　　　　　　　③ shài　　　　　晒
　　　　　　　　④ shuǐ　　　　　水

　　舌尖前音（s）と巻舌音（sh），複合母音（uei）(ei)(ai) を聞き分け，声調も識別する問題です。(uei) は子音につくときは (ui) と綴ります。

2. 発音（2音節）：おろそかに聞くと間違えてしまうような音を集めています。それぞれの音の細かな差は何回も聴いて聞き分けられるようにしましょう。

(2点 × 5)

10 (6) shàngyī 上衣　　① shēngrì　　　　生日（誕生日）
　　　　　　　　　　　❷ shàngyī　　　　上衣（上着）
　　　　　　　　　　　③ shāngyì　　　　商议（相談する）
　　　　　　　　　　　④ shènglì　　　　胜利（勝利する）

　　巻舌音（r）と舌面音（l），奥鼻母音（eng）(ang) を聞き分け，声調も識別する問題です。

11 (7) diànhuà 电话　　① diǎnhuǒ　　　　点火（点火する）
　　　　　　　　　　　② dìnghuò　　　　订货（注文する）
　　　　　　　　　　　❸ diànhuà　　　　电话（電話）
　　　　　　　　　　　④ děnghòu　　　　等候（待つ）

　　前鼻母音（ian）と奥鼻母音（ing）(eng)，複合母音（uo）(ua)(ou) を聞き分け，声調も識別する問題です。

50

12 (8) huí jiā 回家　❶ **huí jiā**　　　　回家（帰宅する）
　　　　　　　　　② huājiǎ　　　　　花甲（還暦）
　　　　　　　　　③ hūjiù　　　　　　呼救（助けを求める）
　　　　　　　　　④ huáijiù　　　　　怀旧（懐かしむ）

　　複合母音（ui）（ua）（uai）と単母音（u），複合母音（ia）（iou）を聞き分け，声調も識別する問題です。（iou）は子音につくときは（iu）と綴ります。

13 (9) xiǎoshí 小时　① shǎoshù　　　　少数（少数）
　　　　　　　　　② xiāoxi　　　　　　消息（消息）
　　　　　　　　　❸ **xiǎoshí**　　　　小时（時間）
　　　　　　　　　④ xiǎoxué　　　　　小学（小学）

　　舌面音（x）と巻舌音（sh），複合母音（ao）（iao），単母音（u）（i）と複合母音（üe）を聞き分け，声調も識別する問題です。舌面音につく（üe）は（ue）と綴ります。

14 (10) yīyuè 一月　① qīyuè　　　　　　七月（七月）
　　　　　　　　　② xǐyuè　　　　　　喜悦（うれしい）
　　　　　　　　　③ qìyuē　　　　　　契约（契約）
　　　　　　　　　❹ **yīyuè**　　　　　一月（一月）

　　舌面音（q）と（x）を聞き分け，声調も識別する問題です。子音につかず単独で音節を作るときは，（üe）は（yue）と綴り，（i）は（yi）と綴ります。

3. 日文中訳（単語）：与えられた日本語に対応する単語またはフレーズの意味を類義，反義，関連語のグループの中から選びます。　　　　　　　　　（2点×5）

16 (11) きのう　　① xiàwǔ　　　　　　下午（午後）
　　　　　　　　　② míngtiān　　　　　明天（あした）
　　　　　　　　　❸ **zuótiān**　　　　昨天（きのう）
　　　　　　　　　④ zhōngwǔ　　　　　中午（昼：12時前後）

17 ⑿ ライス
　① miànbāo　　　面包（パン）
　❷ **mǐfàn**　　　米饭（ライス）
　③ píngguǒ　　　苹果（リンゴ）
　④ diǎnxin　　　点心（軽食）

18 ⒀ 空港
　① fàndiàn　　　饭店（ホテル，レストラン）
　② shāngdiàn　　商店（商店）
　❸ **jīchǎng**　　　机场（空港）
　④ yīyuàn　　　医院（病院）

19 ⒁ 歩く
　① pǎo　　　跑（走る）
　② lái　　　来（来る）
　③ huí　　　回（帰る）
　❹ **zǒu**　　　走（歩く）

20 ⒂ 書く
　❶ **xiě**　　　写（書く）
　② tīng　　　听（聞く）
　③ kàn　　　看（見る）
　④ chàng　　　唱（歌う）

2

解答：1. ⑴❷　⑵❹　⑶❷　⑷❷　⑸❶　2. ⑹❹　⑺❹　⑻❶　⑼❶　⑽❸

1. 日文中訳（語句）：人数や時間等，数を含む基本的な表現が正確にできるかどうかを問うています。
(2点×5)

22 ⑴ 土曜日
　① 星期二 xīngqī'èr　　　（火曜日）
　❷ **星期六 xīngqīliù**　　　（土曜日）
　③ 上星期 shàng xīngqī　　（先週）
　④ 下星期 xià xīngqī　　　（来週）

> 曜日は"星期 xīngqī"を使います。月曜日が"星期一"で，順番に数で数えていき，土曜日は"星期六"となります。日曜日は"星期日 xīngqīrì"または"星期天 xīngqītiān"と言います。

23 (2) 140 元　　　① 七百一十元 qībǎi yīshí yuán　　（710 元）
　　　　　　　　　② 七百四十元 qībǎi sìshí yuán　　（740 元）
　　　　　　　　　③ 一百一十元 yìbǎi yīshí yuán　　（110 元）
　　　　　　　　　❹ 一百四十元 yìbǎi sìshí yuán　　（140 元）

> "七 qī" と "一 yī", "四 sì" と "十 shí" を聞き間違えないようにしましょう。

24 (3) 2020 年　　　① 二零二六年 èr líng èr liù nián　　（2026 年）
　　　　　　　　　❷ 二零二零年 èr líng èr líng nián　　（2020 年）
　　　　　　　　　③ 二六二六年 èr liù èr liù nián　　（2626 年）
　　　　　　　　　④ 二六二零年 èr liù èr líng nián　　（2620 年）

> 西暦を示す場合は数字を1字ずつ粒読みします。"六 liù" と "零 líng" は子音が同じ (l) なので間違えないようにしましょう。

25 (4) 大学生　　　① 留学生 liúxuéshēng　　（留学生）
　　　　　　　　　❷ 大学生 dàxuéshēng　　（大学生）
　　　　　　　　　③ 中学生 zhōngxuéshēng　　（中学生）
　　　　　　　　　④ 小学生 xiǎoxuéshēng　　（小学生）

> 中国の学制は小学校から中学校（中学・高校）・大学とあります。現在 "中学生" と言えば通常は中学生を指し、高校生は "高中生 gāozhōngshēng" と言います。

26 (5) 銀行　　　❶ 银行 yínháng　　（銀行）
　　　　　　　　② 邮局 yóujú　　（郵便局）
　　　　　　　　③ 超市 chāoshì　　（スーパーマーケット）
　　　　　　　　④ 书店 shūdiàn　　（書店）

> 銀行は日本同様 "银行 yínháng" です。"行" は会社や商店を指す場合は "xíng" ではなく "háng" と発音します。"行业 hángyè"（職業, 職種）⇔ "行李 xíngli"（荷物）

53

2. 日文中訳（日常用語）：あいさつ語ほか日常生活の中で使われる基本的な表現を聞いて理解することができるかどうかを問うています。　　　　　　(2点×5)

28 (6) 室内に招き入れるとき
- ① 请坐。Qǐng zuò.　　　　　　　　お掛けください。
- ② 请喝。Qǐng hē.　　　　　　　　お飲みください。
- ③ 请问。Qǐngwèn.　　　　　　　　お尋ねします。
- ❹ 请进。Qǐng jìn.　　　　　　　　お入りください。

> "请 qǐng" は，「どうぞ…してください」とお願いするときに使います。相手に向かって言うときには直接してもらう動詞を続けます。「入る」は "进 jìn" です。ただし "请问 qǐngwèn" はこれらとは構造が異なり，一つの単語として相手にものごとを尋ねる場合に使います。

29 (7) あやまるとき
- ① 晚上好。Wǎnshang hǎo.　　　　　こんばんは。
- ② 没关系。Méi guānxi.　　　　　　かまいません。
- ③ 早上好。Zǎoshang hǎo.　　　　　おはようございます。
- ❹ 对不起。Duìbuqǐ.　　　　　　　すみません。

> 何か申し訳ないことをしたときには "对不起 Duìbuqǐ"（顔向けができない）と謝ります。

30 (8) 曜日をたずねるとき
- ❶ 今天星期几？Jīntiān xīngqī jǐ?　きょうは何曜日ですか。
- ② 现在几点？　Xiànzài jǐ diǎn?　　いま何時ですか。
- ③ 这是什么？　Zhè shì shénme?　　これは何ですか。
- ④ 明天几号？　Míngtiān jǐ hào?　　あしたは何日ですか。

> 曜日は "星期 xīngqī" の後ろに数字を付けて示しますので，その数字を尋ねる "几 jǐ" を用いて尋ねます。

31 (9) 相手に少し待ってもらうとき
- ❶ 请等一下。　Qǐng děng yíxià.　　少々お待ちください。
- ② 请别客气。　Qǐng bié kèqi.　　　どうか遠慮なさらずに。
- ③ 请看一下。　Qǐng kàn yíxià.　　ご覧ください。

④ 请多吃点儿。Qǐng duō chī diǎnr.　　たくさん召しあがれ。

> 何かしてもらうときには"请 qǐng"を初めに置きます。「待つ」は"等 děng"です。動作の分量や時間の長さを表現する言葉はその後ろに置かれます。"一下 yíxià"は短い時間を示し"点儿 diǎnr"はわずかな分量を示します。ここでは「短い時間待つ」のですから，"等一下 děng yíxià"となります。

32 (10) 休もうと提案するとき

① 我们开始吧。Wǒmen kāishǐ ba.　　さあ始めましょう。
② 你们听听吧。Nǐmen tīngting ba.　　ちょっと聞いてみてください。
❸ 我们休息吧。Wǒmen xiūxi ba.　　休みましょう。
④ 你们说说吧。Nǐmen shuōshuo ba.　　ちょっと言ってみてください。

> 「休む」は"休息 xiūxi"です。文末に提案や勧誘を示す語気助詞の"吧 ba"を置きます。

筆 記

3

解答：1. (1)❷ (2)❸ (3)❹ (4)❶ (5)❸ 2. (6)❷ (7)❸ (8)❸ (9)❷ (10)❷
3. (11)❹ (12)❸ (13)❶ (14)❶ (15)❹

1. 発音（ピンイン表記）：ピンインの表記は発音に正確に対応しています。ピンイン表記を理解することは正確な発音を身につけることでもあります。 (2点×5)

(1) 块（かたまり）
　① guài　　❷ kuài　　③ kuì　　④ guì
(2) 在（…にある・いる）
　① zhài　　② chài　　❸ zài　　④ cài
(3) 班（クラス）
　① hàn　　② wǎn　　③ pán　　❹ bān
(4) 漂亮（きれいだ）
　❶ piàoliang　② biāolian　③ piàolian　④ biǎoliang
(5) 上课（授業に出る）
　① shǎnggē　② sàngkè　❸ shàngkè　④ sànggē

> 単語はピンイン表記が示す発音と一緒に覚えましょう。中国語の発音は日本語の漢字音と似ているものもありますが，大きく異なるものもありますので注意しましょう。日本語からの安易な類推は禁物です。

2. 日文中訳（空欄補充）：空欄に入る語はいずれも文法上のキーワードである。
(2点×5)

(6) あの作家は橋本春菜といいます。
　那个作家（ 叫 ）桥本春菜。Nàge zuòjiā jiào Qiáoběn Chūncài.
　① 有 yǒu　　❷ 叫 jiào　　③ 在 zài　　④ 姓 xìng

> ①"有"は「持っている」，②"叫"は「…という名である」，③"在"は「…にある，いる」，④"姓"は「…という姓だ」という意味です。作家の名を述べるところですので，②が正解です。

56

(7) 彼女らはスーパーマーケットで買い物をします。
　　她们在超市（ 买 ）东西。Tāmen zài chāoshì mǎi dōngxi.
　　① 听 tīng　　② 坐 zuò　　❸ 买 mǎi　　④ 卖 mài

> ①"听"は「聞く」，②"坐"は「腰かける」，③"买"は「買う」，④"卖"は「売る」という意味です。買い物をするのですから，③が正解です。

(8) あなたの本はどこにありますか。
　　你的书在（ 哪儿)？Nǐ de shū zài nǎr?
　　① 那儿 nàr　　② 什么 shénme　　❸ 哪儿 nǎr　　④ 怎么 zěnme

> ①"那儿"は「そこ・あそこ」，②"什么"は「何」，③"哪儿"は「どこ」，④"怎么"は「どのように」という意味です。本のある場所を尋ねていますので，③が正解です。

(9) 彼は毎日8時間寝ます。
　　他每天睡8个（ 小时 ）。Tā měi tiān shuì bā ge xiǎoshí.
　　① 时候 shíhou　　❷ 小时 xiǎoshí　　③ 时刻 shíkè　　④ 时间 shíjiān

> ①"时候"および④"时间"は時点や時間の長さをいうときに使います。②"小时"は時間の長さを示す「…時間」，③"时刻"は時刻を示す「…時」という意味です。8時間と眠る時間の長さを言っていますので，①③④は除外され，②が正解です。

(10) 君は参加できますか。
　　你（ 能 ）参加吗？Nǐ néng cānjiā ma?
　　① 要 yào　　❷ 能 néng　　③ 想 xiǎng　　④ 会 huì

> ①"要"は「…する必要がある」，②"能"は能力や可能性を示す「…できる」，③"想"は「…したい」，④"会"は「…（その技能を身に付けているので）できる」という意味です。参加できるかどうか可能性を尋ねていますので，②が正解です。

3. 日文中訳（語順選択）：文法上のキーワードを含む基本的な文を正確に組み立てることができるかどうかを問うています。　　　　　　　　　　（2点×5）

(11) あの店は大きい。

① 商店那个很大。

② 商店很大那个。

③ 那个很大商店。

❹ 那个商店很大。Nàge shāngdiàn hěn dà.

　　中国語は主語述語の順に並べますので，"商店"が前に，"大"が後ろに来なければなりません。指示詞の"那个"は指す言葉の前に置かれますので，"那个商店"となります。形容詞を修飾する強調の副詞"很"（ただし"很"は通常あまり強調の働きはありません）は形容詞の前に置かれますので，"很大"となります。したがって，正解は④です。

(12) 彼女は来年中国に行きます。

① 中国她去明年。

② 她明年中国去。

❸ 她明年去中国。Tā míngnián qù Zhōngguó.

④ 她去中国明年。

　　中国語では，「時間を示す言葉（何時）+動作（何をする）」の順に言い，動作の目的語は動詞の後ろに置かれますので，「"明年"+"去中国"」となります。"明年"は主語の"她"の前でも後ろでも意味は変わりません。

(13) 鈴木さんはわたしたちの先生です。

❶ 铃木先生是我们的老师。Língmù xiānsheng shì wǒmen de lǎoshī.

② 铃木先生我们的老师是。

③ 我们的铃木先生是老师。

④ 我们的老师铃木先生是。

　　中国語では敬称は日本語と同じく名前の後ろに付けますので，「鈴木さん」は「"铃木"+"先生"」となります。「…は…です」という表現は動詞"是"を使います。「…の…」は"的"を使いますので，「わたしたちの先生」は"我们的老师"となります。したがって，正解は①です。

(14) わたしはオーバーを着ていません。
① 我没有穿大衣。Wǒ méiyou chuān dàyī.
② 我穿大衣没有。
③ 我大衣穿没有。
④ 我没有大衣穿。

> 「オーバーを着る」は"穿大衣"です。「…していない」というときには否定詞の"没 méi"または"没有 méiyou"を動詞の前に置きます。したがって，正解は①です。

(15) きょう映画を観に行きますか。
① 你今天看去电影吗？
② 你看电影今天去吗？
③ 今天看去电影你吗？
④ 今天你去看电影吗？ Jīntiān nǐ qù kàn diànyǐng ma?

> 中国語は原則として動作が行われる順に表現しますので，「映画を観に行く」は「行って映画を観る」，"去"＋"看电影"となります。したがって，正解は④です。

4

解答：(1) a 换　b 热　(2) a 钱　b 岁　(3) 车站　(4) 复习　(5) 便宜

日文中訳（記述式・単語）：現在中国では文字表記に簡体字を用いることが正式に定められています。簡体字の形や画数に注意しましょう。日本の漢字と似ていても違うものが多くありますので，正確に覚えましょう。　　　　　　　　　(4点×5)

(1) a　服を着替える。　　换衣服。Huàn yīfu.
　　b　きょうは暑い。　　今天很热。Jīntiān hěn rè.

> a 「着替える」「履き替える」など何かに取り替える時には"换 huàn"を使います。"换"は日本の漢字「換」と字形がよく似ていますが，少し異なりますので注意しましょう。

　　　　换 huàn（換）ー 扌 扌 扩 扩 护 护 换 换　　（10画）

b　日本語では温度の高さを気温（暑い）と物（熱い）とで使い分けますが，中国語ではどちらも"热 rè"を使います。簡体字も書けるようにしておきましょう。中国語では"暑 shǔ"はふつう熟語や成語以外では使いません。

(2) a　お金がない。　　　　　没有钱。Méiyǒu qián.
　　b　彼は今年二十歳だ。　　他今年二十岁。Tā jīnnián èrshi suì.

　　日本語の漢字に比べて，簡体字ではともに字画が少なくなっているものが多いので注意しましょう。「お金」は"钱 qián"，「…歳」は"岁 suì"を使います。日本語の「才」は使いません。

　　钱 qián（錢）ノ ⺊ ⺀ ⺌ 钅 钅 钅 钱 钱 钱（10画）

(3) 駅に着く。　到车站。Dào chēzhàn.

　　"站 zhàn"一字にはいくつかの意味があり，日本語の「駅」の意味もありますが，二字にして"车站 chēzhàn"と言えば更に正確な表現となります。"车"や"站"が書けるようにしておきましょう。特に"车"は二筆目に注意しましょう。"车" ☞ 巻末 p.70

(4) 本文を復習する。　复习课文。Fùxí kèwén.

　　日本語の「復習」と同じですが，簡体字は画数がかなり少なくなっています。しっかりおぼえましょう。

(5) この自転車はとても安い。　这辆自行车很便宜。Zhè liàng zìxíngchē hěn piányi.

　　値段が安いときには"便宜 piányi"と言います。買い物の会話でよく聞かれます。

補充練習帳

日本中国語検定協会のご指導の下に，白帝社編集部で編んだものです。準4級の基礎固めにご活用ください。

あいさつ語 ………………………………… 62
動詞と目的語の組み合わせ ……………… 65
簡体字を正確に …………………………… 69

あいさつ語

　準4級リスニングの一部に2002年6月の第47回試験以来ずっと，「次のような場合，中国語ではどのように言うのが最も適当か」として，あいさつ語を中心に日常会話のなかでよく使われる表現を答えさせる問題が5題ずつ出されている。今，そこで出題されたものを中心に準4級段階で覚えておいたほうがよいと思われる最も基本的な60語を選んで，以下に掲げる。

　ここに掲げるもののほかにも，まだ多くの重要表現があるであろうが，とりあえずはこれだけのものを頭に入れ，耳で聞いてわかり，口に出して言うことができるようにしておかれることをおすすめする。

- □ 你好！　　　　　　Nǐ hǎo!　　　　　　　　こんにちは。
- □ 您早！　　　　　　Nín zǎo!　　　　　　　　おはようございます。
- □ 早上好！　　　　　Zǎoshang hǎo!　　　　　おはよう。
- □ 晚上好！　　　　　Wǎnshang hǎo!　　　　　こんばんは。
- □ 晚安！　　　　　　Wǎn'ān!　　　　　　　　こんばんは。／お休みなさい。
- □ 您贵姓？　　　　　Nín guìxìng?　　　　　　お名前は？
  - ※ていねいに姓を聞く場合に使う。"你姓什么？ Nǐ xìng shénme?"は普通の聞き方。姓と名の両方を聞きたい場合は"你叫什么名字？ Nǐ jiào shénme míngzi?"。
- □ 初次见面！　　　　Chūcì jiànmiàn!　　　　初めてお目にかかります。
- □ 请多关照！　　　　Qǐng duō guānzhào!　　どうぞよろしく。
- □ 好久不见了！　　　Hǎo jiǔ bú jiàn le!　　お久しぶりです。
- □ 请进！　　　　　　Qǐng jìn!　　　　　　　どうぞお入りください。
- □ 请坐！　　　　　　Qǐng zuò!　　　　　　　どうぞお掛けください。
- □ 请喝茶！　　　　　Qǐng hē chá!　　　　　　お茶をどうぞ。
- □ 欢迎，欢迎！　　　Huānyíng, huānyíng!　　ようこそおいでくださいました。
  - ※"欢迎你来！ Huānyíng nǐ lái!"とも。
- □ 欢迎再来！　　　　Huānyíng zài lái!　　　またおいでください。
- □ 打扰您了！　　　　Dǎrǎo nín le!　　　　　お邪魔いたしました。
  - ※"打搅您了！ Dǎjiǎo nín le!"とも。
- □ 再见！　　　　　　Zàijiàn!　　　　　　　　さようなら。
- □ 回头见！　　　　　Huítóu jiàn!　　　　　　ではまたのちほど。
- □ 明天见！　　　　　Míngtiān jiàn!　　　　　ではまたあした。
- □ 我走了！　　　　　Wǒ zǒu le!　　　　　　　おいとまいたします。

□ 我先走了！	Wǒ xiān zǒu le!	お先に失礼いたします。
□ 不送了！	Bú sòng le!	お見送りいたしません。
□ 慢走！	Mànzǒu!	お気をつけて。
□ 请留步！	Qǐng liúbù!	（お見送りはなさらないように。⇒）どうぞお気遣いなく。
□ 一路平安！	Yílù píng'ān!	道中ご無事を。

例："祝你一路平安！ Zhù nǐ yílù píng'ān!"のようにも用いる。

□ 谢谢！	Xièxie!	ありがとう。
□ 多谢您！	Duōxiè nín!	どうもありがとうございます。
□ 不用谢！	Búyòng xiè!	どういたしまして。

※"不谢！ Bú xiè!"とも。

| □ 不客气！ | Bú kèqi! | どういたしまして。／ご遠慮なさらないで。 |

※"不要客气！ Búyào kèqi!"，"别客气！ Bié kèqi!"とも。

□ 辛苦了！	Xīnkǔ le!	ご苦労さま。
□ 对不起！	Duìbuqǐ!	すみません。
□ 请原谅！	Qǐng yuánliàng!	すみません。

例："请原谅，今天我没有时间。Qǐng yuánliàng, jīntiān wǒ méiyǒu shíjiān."（すみません，きょうは時間がありません）のように用いる。

| □ 很抱歉！ | Hěn bàoqiàn! | 申し訳ございません。 |

例："很抱歉，我忘了。Hěn bàoqiàn, wǒ wàng le."（申し訳ございません，忘れました）のように用いる。

| □ 麻烦您了！ | Máfan nín le! | お手数をおかけしました。 |

※"太麻烦您了！ Tài máfan nín le!"（ほんとうにお手数をおかけしました）とも。

□ 让你久等了！	Ràng nǐ jiǔ děng le!	お待たせしました。
□ 没关系！	Méi guānxi!	どういたしまして。
□ 没事儿！	Méishìr!	何でもありません。／どういたしまして。
□ 没问题！	Méi wèntí!	何でもありません。／お安いご用です。
□ 哪里，哪里！	Nǎli, nǎli!	とんでもない。

※"哪儿的话啊！ Nǎr de huà a!"とも。

| □ 不敢当！ | Bùgǎndāng! | （褒められて）恐れ入ります。 |
| □ 劳驾，… | Láojià, … | すみませんが…。 |

例："劳驾，这个字怎么念？ Láojià, zhège zì zěnme niàn?"（すみませんが，この字はどう読むのでしょうか）のように用いる。

□ 请问!	Qǐngwèn!	お伺いしますが…。

例:"请问，到车站怎么走? Qǐngwèn, dào chēzhàn zěnme zǒu?"(お伺いしますが，駅へはどう行くのでしょうか)のように用いる。

□ 等一等!	Děngyideng!	ちょっとお待ちください。

※"请等一下! Qǐng děng yíxià!"とも。

□ 祝你健康!	Zhù nǐ jiànkāng!	ご健康をお祈りします。
□ (祝你)生日快乐!	(Zhù nǐ) shēngrì kuàilè!	お誕生日おめでとう。
□ (祝你)新年快乐!	(Zhù nǐ) xīnnián kuàilè!	新年おめでとうございます。
□ 你几岁了?	Nǐ jǐ suì le?	[幼い子供に] おいくつ?
□ 您多大岁数了?	Nín duō dà suìshu le?	[大人に]おいくつでいらっしゃいますか。

※"多大岁数"は"多大年纪 duō dà niánjì"とも。

□ 现在几点了?	Xiànzài jǐ diǎn le?	いま何時ですか。
□ 今天几月几号?	Jīntiān jǐ yuè jǐ hào?	きょうは何月何日ですか。
□ 今天星期几?	Jīntiān xīngqī jǐ?	きょうは何曜日ですか。
□ 多少钱?	Duōshao qián?	いくらですか。
□ 你去哪儿?	Nǐ qù nǎr?	どちらへお出かけですか。
□ 为什么?	Wèi shénme?	なぜですか。
□ 厕所在哪儿?	Cèsuǒ zài nǎr?	トイレはどこでしょうか。
□ 您是哪国人?	Nín shì nǎ guó rén?	お国はどちらですか。
□ 你家有几口人?	Nǐ jiā yǒu jǐ kǒu rén?	ご家族は何人いらっしゃいますか。
□ 你在哪儿工作?	Nǐ zài nǎr gōngzuò?	どちらにお勤めですか。
□ 我来介绍一下!	Wǒ lái jièshào yíxià!	私からご紹介いたします。
□ 认识你，很高兴!	Rènshi nǐ, hěn gāoxìng!	お知り合いになれてうれしいです。
□ 请再说一遍!	Qǐng zài shuō yí biàn!	もう1度おっしゃってください。

動詞と目的語の組み合わせ

　準4級の記述式には与えられた日本語に相当する中国語を漢字で書くことを求める問題が毎回課されているが，その中に必ず含まれているのが，「字を書く」，「自動車に乗る」，「郵便局に行く」のような動詞と目的語を組み合わせて答える問題である。

　"写字" "坐汽车" "去邮局" が答えられればそれでよいのであるが，効率的な学習法としては "写字" を覚えたら併せて "写信 xìn"（手紙を書く），"写文章 wénzhāng"（文章を書く），"写日记 rìjì"（日記を書く）も一緒に覚える。ついでに，同じ「かく」でも「絵をかく」は "写" ではなく "画" を用いて "画画儿" となることも覚えておく。

　"坐汽车" もこれ一つですませるのではなく，"坐电车 diànchē"（電車に乗る），"坐火车 huǒchē"（汽車に乗る），"坐飞机 fēijī"（飛行機に乗る），"坐公共汽车 gōnggòng qìchē"（バスに乗る）を併せて覚えてしまう。この場合も，同じ「乗る」であっても自転車やバイクのように「またがって乗る」場合は "骑自行车" "骑摩托车 mótuōchē" のように動詞は "骑" でなければならないということも整理しておく。

　"去邮局" は "邮局" の位置に "学校 xuéxiào"（学校），"图书馆 túshūguǎn"（図書館），"公园 gōngyuán"（公園），"车站 chēzhàn"（駅），"动物园 dòngwùyuán"（動物園）……と，思い出す限りの単語を置き換えてみる。

　以下に動詞と目的語の組み合わせ（"打车 dǎ//chē" "开门 kāi//mén" のように一語とみなした方がよい語を含む）の基本的なものをいくつか掲げる。

□ 帮忙	bāng//máng	手伝う
□ 擦黑板	cā hēibǎn	黒板を拭く
□ 擦脸	cā liǎn	顔を拭く
□ 吃饭	chī fàn	ごはんを食べる
□ 吃面包	chī miànbāo	パンを食べる
□ 吃药	chī yào	薬を飲む
□ 抽烟	chōu yān	タバコを吸う
□ 穿裤子	chuān kùzi	ズボンをはく
□ 穿毛衣	chuān máoyī	セーターを着る
□ 穿裙子	chuān qúnzi	スカートをはく
□ 穿袜子	chuān wàzi	靴下をはく

☐ 穿鞋	chuān xié	靴を履く	
☐ 穿衣服	chuān yīfu	服を着る	
☐ 打棒球	dǎ bàngqiú	野球をする	
☐ 打车	dǎ//chē	タクシーに乗る = 打的 dǎ//dī	
☐ 打工	dǎ//gōng	アルバイトをする	
☐ 打雷	dǎ//léi	雷が鳴る	
☐ 打伞	dǎ sǎn	傘をさす	
☐ 打网球	dǎ wǎngqiú	テニスをする	
☐ 打字	dǎ//zì	タイプを打つ，文字を入力する	
☐ 戴戒指	dài jièzhi	指輪をはめる	
☐ 戴帽子	dài màozi	帽子をかぶる	
☐ 戴手表	dài shǒubiǎo	腕時計をはめる	
☐ 戴手套	dài shǒutào	手袋をはめる	
☐ 戴眼镜	dài yǎnjìng	眼鏡をかける	
☐ 担心	dān//xīn	心配する	
☐ 读书	dú//shū	本を読む，勉強する	
☐ 发烧	fā//shāo	熱が出る	
☐ 发音	fā//yīn	発音する	
☐ 放假	fàng//jià	休みになる	
☐ 放心	fàng//xīn	安心する	
☐ 付钱	fù qián	お金を払う	
☐ 刮风	guā fēng	風が吹く	
☐ 刮脸	guā//liǎn	ひげをそる	
☐ 关门	guān//mén	扉を閉じる，閉店する	
☐ 过年	guò//nián	新年を迎える	
☐ 喝茶	hē chá	お茶を飲む	
☐ 喝酒	hē jiǔ	お酒を飲む	
☐ 喝咖啡	hē kāfēi	コーヒーを飲む	
☐ 喝啤酒	hē píjiǔ	ビールを飲む	
☐ 喝汤	hē tāng	スープを飲む	
☐ 喝粥	hē zhōu	かゆをすする	
☐ 滑冰	huá//bīng	スケートをする	
☐ 滑雪	huá//xuě	スキーをする	
☐ 画画（儿）	huà huà(r)	絵を描く	

☐	换钱	huàn//qián	両替をする
☐	回国	huí guó	帰国する
☐	回家	huí jiā	家に帰る
☐	寄信	jì xìn	手紙を出す
☐	寄行李	jì xíngli	荷物を郵送する
☐	讲课	jiǎng//kè	授業をする，講義をする
☐	结婚	jié//hūn	結婚する
☐	借钱	jiè qián	お金を借りる / お金を貸す
☐	开车	kāi//chē	車を運転をする
☐	开会	kāi//huì	会議を開く
☐	开门	kāi//mén	扉を開ける，開店する
☐	看报	kàn bào	新聞を読む = 看报纸 kàn bàozhǐ
☐	看电视	kàn diànshì	テレビを見る
☐	看电影	kàn diànyǐng	映画を観る
☐	看书	kàn shū	本を読む
☐	看戏	kàn xì	芝居を観る
☐	看杂志	kàn zázhì	雑誌を読む
☐	聊天儿	liáo//tiānr	おしゃべりをする
☐	留学	liú//xué	留学する
☐	买东西	mǎi dōngxi	買い物をする
☐	买票	mǎi piào	チケットを買う
☐	跑步	pǎo//bù	ジョギングする
☐	骑自行车	qí zìxíngchē	自転車に乗る
☐	起床	qǐ//chuáng	起きる，起床する
☐	敲门	qiāo//mén	ノックする
☐	请假	qǐng//jià	休みをとる
☐	请客	qǐng//kè	食事をおごる，招待する
☐	去邮局	qù yóujú	郵便局に行く
☐	散步	sàn//bù	散歩する
☐	上班	shàng//bān	出勤する
☐	上车	shàng chē	車に乗る，バスに乗る
☐	上课	shàng//kè	授業をする / 授業を受ける
☐	上学	shàng//xué	学校へ行く
☐	生病	shēng//bìng	病気になる，病気にかかる

☐	生气	shēng//qì	怒る，腹を立てる
☐	睡觉	shuì//jiào	眠る
☐	说话	shuō//huà	話をする
☐	跳舞	tiào//wǔ	踊る，ダンスをする
☐	听广播	tīng guǎngbō	放送を聴く
☐	听录音	tīng lùyīn	録音を聴く
☐	听收音机	tīng shōuyīnjī	ラジオを聴く
☐	听音乐	tīng yīnyuè	音楽を聴く
☐	问问题	wèn wèntí	問いを発する，質問する
☐	握手	wò//shǒu	握手をする
☐	洗脸	xǐ liǎn	顔を洗う
☐	洗衣服	xǐ yīfu	洗濯する
☐	洗澡	xǐ//zǎo	全身を洗う，入浴する
☐	下班	xià//bān	退勤する
☐	下车	xià chē	車を降りる
☐	下课	xià//kè	授業が終わる
☐	下雪	xià xuě	雪が降る
☐	下雨	xià yǔ	雨が降る
☐	写信	xiě xìn	手紙を書く
☐	写字	xiě zì	字を書く
☐	游泳	yóu//yǒng	泳ぐ
☐	照相	zhào//xiàng	写真を撮る
☐	走路	zǒu//lù	歩く
☐	租房间	zū fángjiān	部屋を借りる / 部屋を貸す
☐	坐车	zuò chē	車に乗る = 坐汽车 zuò qìchē
☐	坐船	zuò chuān	船に乗る
☐	坐飞机	zuò fēijī	飛行機に乗る
☐	做梦	zuò//mèng	夢を見る
☐	做作业	zuò zuòye	宿題をする

簡体字を正確に

簡体字を書いておぼえましょう。
（ ）内は日本の常用漢字です。筆画順に注意しながら書いてみましょう。

愛(愛) ài	ノ ∽ ∽ ∽ ∽ ∽ ∞ 学 旁 爱	10画
办(辦) bàn	フ カ か 办	4画
包(包) bāo	ノ ク 夕 包 包	5画
贝(貝) bèi	丨 冂 贝 贝	4画
备(備) bèi	ノ ク 夂 冬 各 各 备 备	8画
鼻(鼻) bí	ノ 丨 白 白 自 自 畠 畠 畠 畠 畠 鼻 鼻	14画
边(辺) biān	フ カ 力 边 边	5画
别(別) bié	丨 冂 口 另 另 别 别	7画
冰(氷) bīng	丶 冫 汁 汁 冰 冰	6画

69

步(步) bù	丨 卜 止 止 屮 屮 步 步 步 步	7画
查(查) chá	一 十 才 木 木 杏 杏 查 查 查 查 查	9画
差(差) chà	丶 丷 䒑 䒑 兰 差 差 差 差 差 差 差	9画
长(長) cháng	丿 一 长 长 长 长 长	4画
场(場) cháng	一 十 扌 圴 场 场 场 场 场	6画
车(車) chē	一 乚 左 车 车 车 车	4画
带(帶) dài	一 ⺀ 艹 丗 丗 带 带 带 带 带 带 带	9画
单(單) dān	丶 丷 ⺍ 吕 吕 甲 单 单 单 单 单	8画
东(東) dōng	一 ⺈ 车 东 东 东 东 东	5画
对(对) duì	𠃌 又 𡗗 对 对 对 对 对	5画
发(發) fā	乚 ナ 步 发 发 发 发 发	5画

宫(宮) gōng	丶丶宀宁宁宁宫宫宫 宫 宫 宫	9画
骨(骨) gǔ	丨口日日田骨骨骨骨 骨 骨 骨	9画
喝(喝) hē	丨口口叮叮叮喝喝喝喝 喝 喝 喝	12画
画(画) huà	一丆丙而而画画 画 画 画	8画
欢(歡) huān	𠃌又𣥂𣥂欢欢 欢 欢 欢	6画
见(見) jiàn	丨冂贝见 见 见 见	4画
角(角) jiǎo	丿𠂊𠂉𠂉角角角 角 角 角	7画
卷(卷) juǎn	丶丶䒑䒑䒑夹卷卷 卷 卷 卷	8画
决(決) jué	丶冫冫冫决决 决 决 决	6画
乐(樂) lè	一⺁兵乐乐 乐 乐 乐	5画
练(練) liàn	乙幺纟纟纯练练练 练 练 练	8画

71

两(兩) liǎng	一 ㄚ 丙 丙 丙 两 两	7画
马(馬) mǎ	𠃋 马 马	3画
买(買) mǎi	一 ㄱ 厶 弖 买 买	6画
每(每) měi	′ ㄱ 亡 车 每 每 每	7画
门(門) mén	` 冂 门	3画
免(免) miǎn	′ ㄅ ㄅ 夕 各 争 免	7画
脑(腦) nǎo	丿 刀 月 月 刖 刖 刖 肪 脑 脑	10画
鸟(鳥) niǎo	′ 夕 勹 乌 鸟	5画
农(農) nóng	′ 冖 宀 农 农 农	6画
器(器) qì	丨 ㄇ ㅁ ㅁㅁ ㅁㅁ 哭 哭 哭 哭 器 器 器	16画
铅(鉛) qiān	′ 𠂉 𠂉 气 钅 钐 铅 铅 铅	10画

72

浅(淺) qiǎn	丶丶氵汀浅浅浅浅	8画
强(強) qiáng	一丁弓弓弓弓弓弓弓强强强	12画
桥(橋) qiáo	一十才木朴朴朴桥桥桥	10画
师(師) shī	丨丬丬师师师	6画
收(收) shōu	丨丬丬丬收收	6画
书(書) shū	一乛书书	4画
岁(歲) suì	丨丨山屮岁岁	6画
团(團) tuán	丨冂冂用用团	6画
效(効) xiào	丶一亠六亠交亥亥效效	10画
写(寫) xiě	丶冖冖写写	5画
兴(興) xìng	丶丶丷丷兴兴	6画

73

修(修) xiū	丿 亻 亻 亻 仁 攸 攸 修 修　　　9画
压(壓) yā	一 厂 厂 圧 压 压　　　6画
应(應) yīng	丶 亠 广 广 应 应 应　　　7画
邮(郵) yóu	丨 冂 日 由 由 邮 邮　　　7画
游(遊) yóu	丶 丶 氵 氵 汸 汸 汸 游 游 游 游 游　　　12画
与(與) yǔ	一 与 与　　　3画
真(真) zhēn	一 十 广 古 古 直 直 真 真 真　　　10画
直(直) zhí	一 十 广 古 古 育 直 直　　　8画
钟(鐘) zhōng	丿 𠂉 𠂉 钅 钅 钅 钟 钟 钟　　　9画
桌(卓) zhuō	丨 ⺊ ⺊ 占 占 卓 卓 桌 桌 桌　　　10画
着(着) zhuó	丶 亠 ⺌ 兰 羊 羊 差 着 着 着 着　　　11画

中国語検定試験について

　一般財団法人 日本中国語検定協会が実施し，中国語運用能力を認定する試験です。受験資格の制限はありません。また，目や耳，肢体などが不自由な方には特別対応を講じます。中国語検定試験の概要は以下のとおりです。詳しくは後掲（p.78）の日本中国語検定協会のホームページや，協会が発行する「受験案内」をご覧いただくか，協会に直接お問い合わせください。

認定基準と試験内容

準4級	**中国語学習の準備完了** 学習を進めていく上での基礎的知識を身につけていること。 （学習時間 60〜120 時間。一般大学の第二外国語における第一年度前期修了，高等学校における第一年度通年履修，中国語専門学校・講習会などにおいて半年以上の学習程度。） 基礎単語約 500 語（簡体字を正しく書けること），ピンイン（表音ローマ字）の読み方と綴り方，単文の基本文型，簡単な日常挨拶語約 50〜80。
4 級	**中国語の基礎をマスター** 平易な中国語を聞き，話すことができること。 （学習時間 120〜200 時間。一般大学の第二外国語における第一年度履修程度。） 単語の意味，漢字のピンイン（表音ローマ字）への表記がえ，ピンインの漢字への表記がえ，常用語 500〜1,000 による中国語単文の日本語訳と日本語の中国語訳。
3 級	**自力で応用力を養いうる能力の保証（一般的事項のマスター）** 基本的な文章を読み，書くことができること。 簡単な日常会話ができること。 （学習時間 200〜300 時間。一般大学の第二外国語における第二年度履修程度。） 単語の意味，漢字のピンイン（表音ローマ字）への表記がえ，ピンインの漢字への表記がえ，常用語 1,000〜2,000 による中国語複文の日本語訳と日本語の中国語訳。
2 級	**実務能力の基礎づくり完成の保証** 複文を含むやや高度の中国語の文章を読み，3 級程度の文章を書くことができること。 日常的な話題での会話が行えること。 単語・熟語・慣用句の日本語訳・中国語訳，多音語・軽声の問題，語句の用法の誤り指摘，100〜300 字程度の文章の日本語訳・中国語訳。

準1級	実務に即従事しうる能力の保証（全般的事項のマスター） 社会生活に必要な中国語を基本的に習得し，通常の文章の中国語訳・日本語訳，簡単な通訳ができること。 （一次）新聞・雑誌・文学作品・実用文などやや難度の高い文章の日本語訳・中国語訳。 （二次）簡単な日常会話と口頭での中文日訳及び日文中訳など。
1級	高いレベルで中国語を駆使しうる能力の保証 高度な読解力・表現力を有し，複雑な中国語及び日本語（例えば挨拶・講演・会議・会談など）の翻訳・通訳ができること。 （一次）時事用語も含む難度の高い文章の日本語訳・中国語訳。熟語・慣用句などを含む総合問題。 （二次）日本語と中国語の逐次通訳。

日程と時間割

　準4級，4級，3級，2級及び準1級の一次試験は3月，6月，11月の第4日曜日の年3回，1級の一次試験は11月の第4日曜日の年1回実施されます。

　一次試験は次の時間割で行われ，午前の級と午後の級は併願ができます。

午前			午後		
級	集合時間	終了予定時間	級	集合時間	終了予定時間
準4級	10:00	11:15	4級	13:30	15:25
3級		11:55	2級		15:45
準1級		12:15	1級		15:45

　準1級と1級の二次試験は，一次試験合格者を対象に，一次が3月，6月の場合は5週間後，一次が11月の場合は1月の第2日曜日に行われます。（協会ホームページに日程掲載。）

受験会場

　全国主要都市に47か所，海外は北京，上海，大連，西安，広州，香港，台北，シンガポールの8か所が予定されています（2016年4月現在）。二次試験は，準1級が東京，大阪，仙台，名古屋，福岡と上海，1級が東京で行われます。ただし，準1級の仙台，名古屋，福岡は，受験者数が10名に満たない場合，上海は5名に満たない場合，東京または大阪を指定されることがあります。

受験申込

郵送かインターネットで申込ます。受験料は次のとおりです。

級	郵送による申込	インターネットによる申込
準4級	3,100 円	3,000 円
4 級	3,800 円	3,700 円
3 級	4,800 円	4,700 円
2 級	7,000 円	6,800 円
準1級	7,700 円	7,500 円
1 級	8,700 円	8,500 円

(2016年4月現在)

出題・解答の方式，配点，合格基準点

級	種類	方式	配点	合格基準点
準4級	リスニング	選択式	50 点	60 点
	筆 記	選択式・記述式	50 点	
4 級	リスニング	選択式	100 点	60 点
	筆 記	選択式・記述式	100 点	60 点
3 級	リスニング	選択式	100 点	65 点
	筆 記	選択式・記述式	100 点	65 点
2 級	リスニング	選択式	100 点	70 点
	筆 記	選択式・記述式	100 点	70 点
準1級	リスニング	選択式・記述式	100 点	75 点
	筆 記	選択式・記述式	100 点	75 点
1 級	リスニング	選択式・記述式	100 点	85 点
	筆 記	選択式・記述式	100 点	85 点

・解答は，マークシートによる選択式及び一部記述式を取り入れています。また，録音によるリスニングを課し，特に準1級，1級にはリスニングによる書き取りを課しています。

・記述式の解答は，簡体字の使用を原則としますが，2級以上の級については特に指定された場合を除き，簡体字未習者の繁体字の使用は妨げません。但し，字体の混用は減点の対象となります。
・4級〜1級は，リスニング・筆記ともに合格基準点に達していないと合格できません。
・準4級の合格基準点は，リスニング・筆記を合計した点数です。
・準4級は合格基準点に達していてもリスニング試験を受けていないと不合格となります。
・合格基準点は，難易度を考慮して調整されることがあります。

二次試験内容

　準1級は，面接委員との簡単な日常会話，口頭での中文日訳と日文中訳，指定されたテーマについての口述の3つの試験を行い，全体を通しての発音・イントネーション及び語彙・文法の運用能力の総合的な判定を行います。10〜15分程度。合格基準点は75点／100点

　1級は，面接委員が読む中国語長文の日本語訳と，日本語長文の中国語訳の2つの試験を行います。20〜30分程度。合格基準点は各85点／100点

一般財団法人　日本中国語検定協会
〒102-8218　東京都千代田区九段北1-6-4 日新ビル
Tel：０３−５２１１−５８８１
Fax：０３−５２１１−５８８２
ホームページ：http://www.chuken.gr.jp
E-mail：info@chuken.gr.jp

試験結果データ（2015年度実施分）

L：リスニング　W：筆記

第86回	準4級	4級 L / W	3級 L / W	2級 L / W	準1級 L / W	準1級二次 口試	1級一次 L / W	1級二次 口試1/口試2
合格基準点	60	60/60	65/65	70/70	75/75	75	—	—
平均点	73.5	68.5/67.2	68.4/65.2	72.1/57.9	67.4/69.8	89.8	—	—
志願者数	1,754	2,562	3,281	1,773	583	150*	—	—
受験者数	1,575	2,204	2,854	1,585	529	138	—	—
合格者数	1,291	1,281	1,255	317	148	129	—	—
合格率	82.0%	58.1%	44.0%	20.0%	28.0%	93.5%	—	—

＊一次試験免除者を含む。

第87回	準4級	4級 L / W	3級 L / W	2級 L / W	準1級一次 L / W	準1級二次 口試	1級一次 L / W	1級二次 口試1/口試2
合格基準点	60	60(55)/60(55)	65(60)/65	70/70(65)	75/75(70)	75	85/85	85/85
平均点	63.9	53.7/63.3	55.6/59.3	62.9/54.4	65.7/58.8	87.8	67.4/66.6	87.6/87.7
志願者数	4,026	3,882	4,172	2,365	721	111	364	16*
受験者数	3,713	3,354	3,647	2,133	662	99	336	15
合格者数	2,399	1,447	1,017	403	99	95	15	12
合格率	64.6%	43.1%	27.9%	18.9%	15.0%	96.0%	4.5%	80.0%

※　合格基準点欄（　）内の数字は，難易度を考慮して当該回のみ適用された基準点です。

第88回	準4級	4級 L / W	3級 L / W	2級 L / W	準1級一次 L / W	準1級二次 口試	1級一次 L / W	1級二次 口試1/口試2
合格基準点	60	60/60	65/65	70/70	75/75	75	—	—
平均点	72.6	62.9/70.4	66.6/61.7	62.6/60.0	64.6/63.3	91.5	—	—
志願者数	1,723	3,042	3,561	1,934	602	104*	—	—
受験者数	1,473	2,516	2,962	1,699	538	97	—	—
合格者数	1,169	1,383	1,072	333	98	96	—	—
合格率	79.4%	55.0%	36.2%	19.6%	18.2%	99.0%	—	—

A 第　　回　準4級　解答用紙

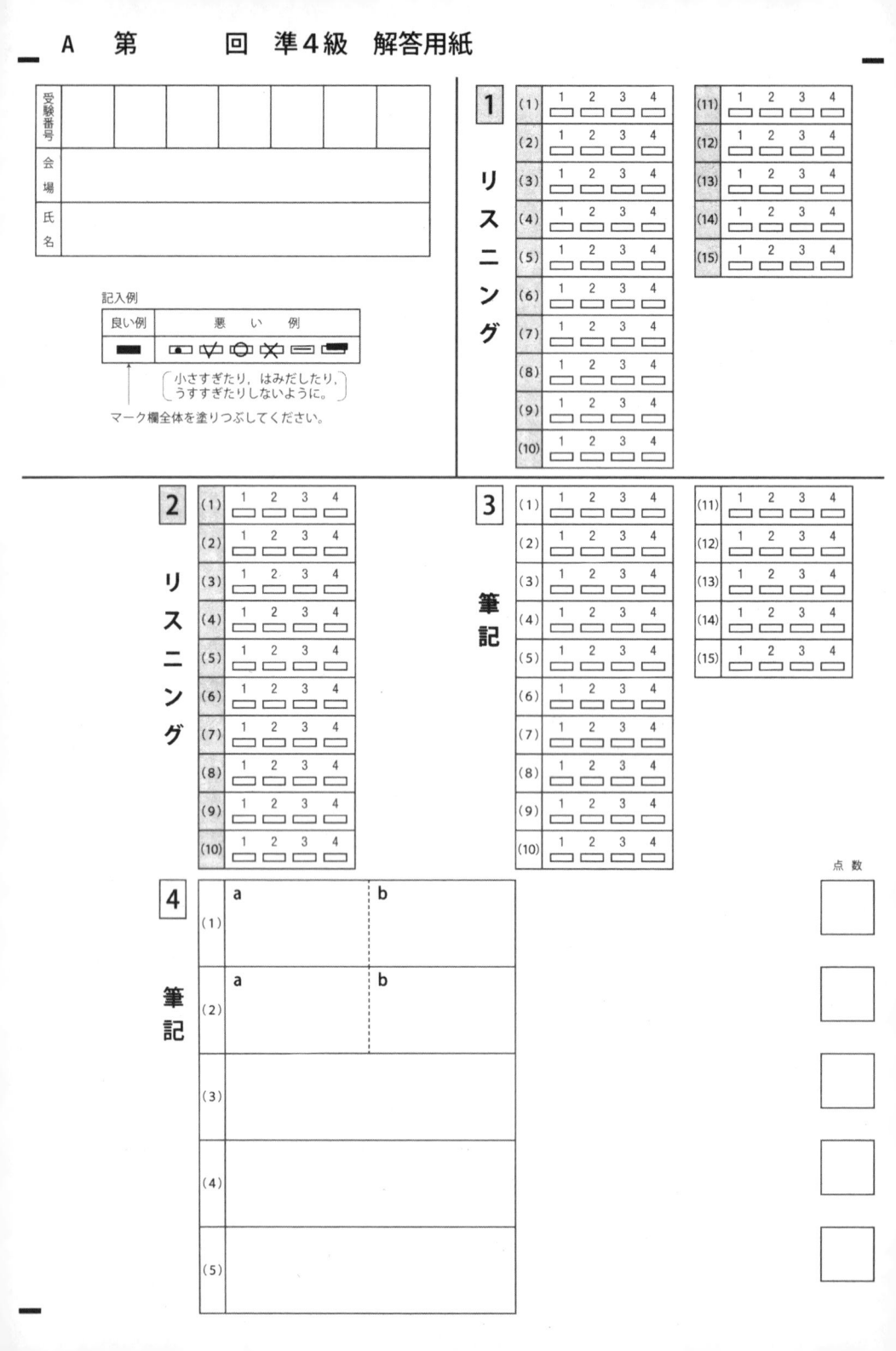

受験番号
会場
氏名

記入例

良い例	悪い例

小さすぎたり，はみだしたり，うすすぎたりしないように。
マーク欄全体を塗りつぶしてください。

1 リスニング

	1	2	3	4			1	2	3	4
(1)						(11)				
(2)						(12)				
(3)						(13)				
(4)						(14)				
(5)						(15)				
(6)										
(7)										
(8)										
(9)										
(10)										

2 リスニング

	1	2	3	4
(1)				
(2)				
(3)				
(4)				
(5)				
(6)				
(7)				
(8)				
(9)				
(10)				

3 筆記

	1	2	3	4			1	2	3	4
(1)						(11)				
(2)						(12)				
(3)						(13)				
(4)						(14)				
(5)						(15)				
(6)										
(7)										
(8)										
(9)										
(10)										

4 筆記

	a	b
(1)		
(2)		
(3)		
(4)		
(5)		

点数

CD-ROM 付

中検準4級試験問題［第86・87・88回］解答と解説

2016年5月26日　初版印刷
2016年6月1日　初版発行

編　者　一般財団法人 日本中国語検定協会
発行者　佐藤康夫
発行所　白 帝 社

〒171-0014　東京都豊島区池袋2-65-1
TEL 03-3986-3271　FAX 03-3986-3272
info@hakuteisha.co.jp　http://www.hakuteisha.co.jp/
印刷 倉敷印刷(株)／製本 若林製本所

Printed in Japan　〈検印省略〉　6914　　ISBN978-4-86398-213-0
© 2016 一般財団法人 日本中国語検定協会
＊定価はカバーに表示してあります。